desde el principio

CARLOS G. MEDINA MONTERO

desde el principio

USOS DEL ESPAÑOL:
TEORÍA Y PRÁCTICA COMUNICATIVA

NIVEL INICIAL

INCLUYE SOLUCIONARIO

Produce: SGEL - Educación
Avda. Valdelaparra, 29
28108 ALCOBENDAS (Madrid)

© Carlos G. Medina Montero, 2003
© Sociedad General Española de Librería, S. A., 2003
Avd. Valdelaparra, 29 - 28108 ALCOBENDAS (Madrid)

ISBN: 84-7143-973-5
Depósito Legal:M. 5.747-2003
Printed in Spain - Impreso en España

Cubierta:Carla Esteban
Maqueta: Paula Álvarez

Fotomecánica: Gráficas Rógar, S. A.
Impresión: Gráficas Rógar, S. A.
Encuadernación: F. Méndez, S. L.

A los principios, semillas de crecimiento.

CONTENIDO

INTRODUCCIÓN	....	9
UNIDAD 1	*El presente*	11
UNIDAD 2	*Pronombres (I)*	21
UNIDAD 3	*Hay/está*	31
UNIDAD 4	*El imperativo afirmativo*	39
UNIDAD 5	*El futuro*	47
UNIDAD 6	*Pronombres de complemento directo e indirecto*	59
UNIDAD 7	*El pretérito perfecto*	67
UNIDAD 8	*El pretérito indefinido*	75
UNIDAD 9	*El pretérito imperfecto*	83
UNIDAD 10	*El condicional*	93
UNIDAD 11	*Ser y estar*	101
UNIDAD 12	*Por y para*	111
UNIDAD 13	*Perífrasis verbales (I)*	117
UNIDAD 14	*Perífrasis verbales (II)*	123
APÉNDICE DE FORMACIÓN VERBAL	....	131
CLAVE DE LOS EJERCICIOS	....	141

INTRODUCCIÓN

Desde el principio es la primera parte de un método de enseñanza del español más global. Dicho método analiza, en tres manuales diferentes, las tres fases principales de la adquisición de una lengua (inicial, intermedia, avanzada). Tanto el fin esencial como los principios metodológicos aplicados son comunes a los tres manuales.

Conseguir la habilidad comunicativa constituye la meta fundamental que se pretende alcanzar. Para ello, se ha respetado como norma de adquisición una de las principales características de la lengua: la ligazón frecuente entre determinados contenidos lingüísticos y semánticos con contextos comunicativos concretos.

Esta premisa define y organiza cada una de las unidades en tres secciones: **A.** La Pizarra; **B.** Ejercicios; **C.** Qué me cuentas.

La finalidad de la primera sección es proporcionar una visión sintética de los puntos más relevantes de la unidad. Esta síntesis se completa más adelante con un estudio mucho más pormenorizado de las diferentes cuestiones lingüísticas.

Respecto a la parte práctica, ésta se realiza seguidamente en el apartado de ejercicios. El rasgo distintivo de todas las propuestas prácticas es la intención comunicativa. El lenguaje como vehículo de interacción social y cultural. La naturaleza comunicativa de los mensajes define las tres características más importantes de todo el segundo apartado: veracidad de los enunciados, adaptación contextual, y soporte cultural.

Finalmente, el aspecto léxico centra la labor de la última sección. El objetivo de ampliar o consolidar vocabulario viene determinado por dos pautas capitales: frecuencia de uso y rentabilidad para el comunicante. Estas dos normas base fundamentan el procedimiento de campos semánticos como uno de los más frecuentes en nuestra metodología.

Así mismo, se facilitan las claves y un apéndice de formación verbal con vistas a fomentar la autonomía del aprendizaje. El progreso comunicativo se impulsa de forma notable, si el alumno actúa e influye en su propia formación.

EL AUTOR

UNIDAD 1 — El presente

A LA PIZARRA

1. INFORMACIÓN PERSONAL
2. DESCRIPCIÓN DE OBJETOS
3. COMPARACIONES
4. PRESENTE HABITUAL
5. PRESENTE CONTINUO

1. Información personal
- Nombre (llamarse/ser):
  Me llamo Ana.
- Nacionalidad (ser de):
  Soy de Chile.
- Profesión (dedicarse/ser):
  Soy estudiante de Medicina.
- Lugar de residencia (vivir):
  Vivo en Santiago.

2. **Descripción de objetos**
   - Color (ser de color):
     La radio es de color negra.
   - Material (ser de):
     La radio es de metal y de plástico.
   - Forma (ser):
     La radio es rectangular.
   - Tamaño (ser):
     La radio es pequeña.
   - Función (ser para/servir para):
     La radio sirve para escuchar música.

3. **Comparativos**

   A. Comparativo de superioridad
   - **Ser más** (adjetivo) **que**

     Madrid es más grande que Sevilla.
     El árabe es más difícil que el español.
     Luis es más paciente que yo.

   - **Tener más** (sustantivo) **que**

     Madrid tiene más habitantes que Sevilla.
     Luis tiene más paciencia que yo.
     Málaga tiene más teatros que Granada.

   - (Verbo) **más que**

     José estudia más que yo.
     Mario sabe más que Juan.
     Ahora viajo más que antes.

   B. Comparativo de inferioridad
   - **Ser menos** (adjetivo) **que**

     Antonio es menos abierto que Rafael.
     Málaga es menos fría que Granada.
     Los gatos son menos cariñosos que los perros.

- **Tener menos** (sustantivo) **que**

    Sara tiene menos experiencia que Miguel.
    El Mundo tiene menos lectores que El País.
    Él tiene menos horas de clase que yo.

- (Verbo) **menos que**

    Ahora fumo menos que antes.
    Este coche gasta menos que el otro.
    Mi hermano sale menos que yo.

C. Comparativo de igualdad

- **Ser tan** (adjetivo) **como**

    Toledo es tan bonita como Córdoba.
    Pilar es tan simpática como Marta.

- **Ser igual de** (adjetivo) **que**

    Toledo es igual de bonita que Córdoba.
    Pilar es igual de simpática que Marta.

- **Tener tanto/a/os/as** (sustantivo) **como**

    Barcelona tiene tanto tráfico como Madrid.
    La guitarra flamenca tiene tanta dificultad como la clásica.
    Yo tengo tantas ganas como tú.

- (Verbo) **tanto como**

    Ella trabaja tanto como yo.
    La salsa me gusta tanto como el tango.

4. **Presente habitual** (formación, página 131). Su función es dar información sobre hábitos individuales o culturales. Esta información aparece con elementos temporales como: *normalmente, habitualmente, frecuentemente, siempre, casi siempre, los lunes, en verano…*

    En España las tiendas abren a las diez.
    El autobús casi siempre llega tarde.
    Los viernes termino a las ocho.
    En mis vacaciones siempre hago un viaje.
    Los fines de semana normalmente voy al cine.

5. **Presente continuo** (formación, página 132). Expresa la acción en su duración. Esta acción durativa aparece habitualmente con expresiones temporales como: *en este momento, poco a poco…*

> *En este momento se está duchando.*
> *El tiempo está mejorando poco a poco.*
> *Ahora estamos estudiando la poesía de García Lorca.*
> *¿Qué estás haciendo ahora mismo?*

B EJERCICIOS

a) Carta de presentación para solicitar un empleo. **Completa con la primera persona del presente de indicativo.**

Madrid, 3 de febrero de 2003

Estimado señor(a) director(a):

En primer lugar (deber) _____ *presentarme.* (Llamarse) _____ *Luis.* (Ser) _____ *de Madrid.* (Tener) _____ *treinta años.* (Ser) _____ *profesor de inglés. Actualmente* (preparar) _____ *mi tesis doctoral, y* (trabajar) _____ *algunas horas en una escuela privada.* (Enseñar) _____ *en los cursos de principiantes. También* (dar) _____ *algunas clases para avanzados.* (Hablar) _____ *italiano y* (aprender) _____ *alemán en el Instituto Goethe.* (Tocar) _____ *la guitarra flamenca y* (jugar) _____ *al baloncesto en un equipo de aficionados.* (Ponerse) _____ *en contacto con usted por su oferta de empleo aparecida el 24 de abril en el periódico El Mundo. Junto a los datos personales, le* (enviar) _____ *mi currículum detallado.*

Sin otro particular, atentamente.

Luis López Amigo

b) Primer día de clase. El profesor se presenta a través de las preguntas de los alumnos. **Completa la conversación entre alumnos y profesor con presentes de indicativo.**

▶ ¿Cómo (tú, llamarse) _____?
▷ (Yo, llamarse) _____ Antonio.
▶ ¿De dónde (tú, ser) _____?
▷ (Yo, ser) _____ de Ronda.
▶ ¿Dónde (estar) _____ Ronda?
▷ (Estar) _____ en la provincia de Málaga.
▶ ¿(Ser) _____ bonita?
▷ Sí, (ser) _____ muy bonita.
▶ ¿(Estar) _____ muy lejos de aquí?
▷ No, (estar) _____ cerca. (Estar) _____ a dos horas, más o menos.
▶ ¿Desde cuándo (tú, trabajar) _____ aquí?
▷ (Yo, trabajar) _____ aquí desde hace seis años.
▶ ¿Cuántas horas de clase (tú, tener) _____ a la semana?
▷ (Yo, tener) _____ veinte horas.
▶ ¿Cuántos años (tú, tener) _____?
▷ Todavía (yo, ser) _____ muy joven.
▶ ¿Qué aficiones (tú, tener) _____?
▷ (Yo, tener) _____ varias: la música, el cine, la poesía...
▶ ¿(Tú, escribir) _____ poesía?
▷ Yo la (llamar) _____ poesía.
▶ ¿(Tú, ver) _____ mucho cine?
▷ Sí, (yo, ver) _____ bastantes películas.
▶ ¿Qué lenguas (tú, hablar) _____?
▷ (Yo, hablar) _____ un poquito de inglés.
▶ ¿Dónde (tú, vivir) _____?
▷ (Yo, vivir) _____ en el centro.
▶ ¿(Tú, conocer) _____ Alemania?
▷ Sólo (yo, conocer) _____ Berlín.
▶ ¿Qué (tú, pensar) _____ de Berlín?
▷ (Yo, creer) _____ que (ser) _____ una ciudad muy interesante.

c) **Información sobre el horario de los cursos de español.** Completa con presentes.

Las clases (ser) _____ por la mañana y (tener) _____ dos partes. La primera parte (empezar) _____ a las diez y (terminar) _____ a las once. (Nosotros, tener) _____ un descanso de quince minutos y después (nosotros, continuar) _____ con la segunda parte. Por la tarde (hacerse) _____ el programa cultural. Este programa (contener) _____ charlas sobre cine, literatura, política, gastronomía... Las charlas (durar) _____ una hora y media aproximadamente. (Ser) _____ muy interesantes porque en ellas (nosotros, tener) _____ mucha información sobre la cultura hispana.
Los sábados la escuela (organizar) _____ visitas guiadas. Un profesor de historia (mostrar) _____ y (explicar) _____ las partes más interesantes de la ciudad.

d) **Un día normal. Hábitos en el presente.** Completa con la primera persona de singular.

(Levantarse) _____ a las ocho. (Ducharse) _____ y (desayunar) _____ algo. (Coger) _____ el autobús de las nueve. (Llegar) _____ a la oficina a las nueve y media. (Trabajar) _____ hasta las dos. (Volver) _____ a casa. (Almorzar) _____ y luego (ir) _____ a la oficina otra vez. Por la tarde (comenzar) _____ a las cinco y (salir) _____ a las ocho y media. Normalmente (regresar) _____ a pie. (Tomar) _____ una cervecita por el camino, y a veces (cenar) _____ un poco. Por la noche (leer) _____ cuando no (estar) _____ muy cansado. Casi siempre (acostarse) _____ a las doce o a la una.

e) **Un típico fin de semana.** Completa con presentes de indicativo.

El viernes por la noche (yo, quedar) _____ con amigos. (Nosotros, quedar) _____ tarde normalmente. (Nosotros, ir) _____ de cervezas hasta las tantas y prácticamente siempre (nosotros, tomar) _____ la penúltima en un pub. Si el sábado no (yo, tener) _____ mucha resaca, (yo, aprovechar) _____ la mañana para ir a la compra. (Yo, hacer) _____ la compra en un supermercado que (estar) _____ muy cerca de mi casa.
(Yo, preparar) _____ la comida. (Yo, almorzar) _____, (yo, fregar) _____ los platos, y (yo, echar) _____ una pequeña siesta.
El sábado por la noche (yo, controlarse) _____ más. (Yo, ir) _____ al cine, (yo, asistir) _____ a algún concierto, (yo, visitar) _____ amigos...
El domingo, a menudo (yo, pasear) _____ o (yo, montar) _____ en bicicleta. Por la tarde (yo, quedarse) _____ en casa tranquilo. (Yo, escuchar) _____ música, (yo, ver) _____ el fútbol...

f) **Acciones durativas.** Completa con los gerundios de los verbos que están entre paréntesis.

¿Dónde está Marisa?

1. Está en Sierra Nevada (esquiar) _____.
2. Está en el supermercado (hacer) _____ la compra.
3. Está en el parque (pasear) _____ al perro.
4. Está en el banco (solucionar) _____ un problema.
5. Está en el baño (ducharse) _____.
6. Está en Francia (visitar) _____ París.
7. Está en la cafetería de al lado (tomar) _____ un café.

8. *Está en la farmacia* (comprar) .... *un jarabe para la tos.*

9. *Está en la biblioteca* (sacar) .... *un libro.*

10. *Está en el teatro* (ver) .... *una obra de* La Fura dels Baus.

g) **Contextos comunicativos asociados a acciones durativas. Completa con *estar* y los gerundios de los verbos entre paréntesis.**

1. *Mi abuelo* (mejorar) .... *muy poco a poco.*
2. *Miguel* (quedarse) .... *calvo.*
3. *Alicia* (buscar) .... *otro trabajo.*
4. *¿Qué* (tú, leer) .... *ahora?*
5. *Este año* (yo, aprender) .... *ruso.*
6. *Mi opinión sobre él* (cambiar) ....
7. *Esta noche nos* (nosotros, divertirse) .... *mucho.*
8. *El problema* (solucionarse) .... *muy lentamente.*
9. *¿Por qué* (tú, llorar) .... *?*
10. (Yo, convencer) .... *a mi hermano para ir mañana.*
11. *Este año* (llover) .... *más que el anterior.*
12. (Yo, esperar) .... *una llamada muy importante.*
13. *El niño* (crecer) .... *mucho.*
14. *Esta noche* (nosotros, beber) .... *mucho.*
15. *El concierto* (salir) .... *muy bien.*
16. *¿Sobre qué* (tú, hacer) .... *la tesis?*
17. *La policía* (investigar) .... *los robos.*
18. *El partido* (terminar) ....
19. *Las entradas* (agotarse) .... *muy rápidamente.*
20. (Yo, preocuparse) .... *por su retraso.*

C QUÉ ME CUENTAS

- **Vocabulario relacionado con objetos.**

la toalla · el jabón · el espejo

el pañuelo · las sábanas · la manta

la llave · la jarra · el jarrón

el vaso · la copa · el periódico

- **Forma parejas entre los diferentes objetos y explica su conexión.**

    Ejemplos:
    - *La taza y el vaso:* ambos sirven para beber.
    - *La llave y el tenedor:* ambos son de metal.

UNIDAD 2

Pronombres (I)

A) LA PIZARRA

1 PRONOMBRES POSESIVOS

	Singular	Plural
1ª persona	el mío, la mía, los míos, las mías	el nuestro, la nuestra, los nuestros, las nuestras
2ª persona	el tuyo, la tuya, los tuyos, las tuyas	el vuestro, la vuestra, los vuestros, las vuestras
3ª persona	el suyo, la suya, los suyos, las suyas	el suyo, la suya, los suyos, las suyas

2 PRONOMBRES REFLEXIVOS

(yo) me; (tú) te; (él) se; (nosotros) nos; (vosotros) os; (ellos) se

3 VERBOS PRONOMINALES

(gustar, parecer, encantar…)

(yo) me; (tú) te; (él) le; (nosotros) nos; (vosotros) os; (ellos) les

1. **Los pronombres posesivos aparecen principalmente con el verbo *ser*.**

   Si el posesivo se usa delante de *ser*, la forma completa es obligatoria.

   ▶ *Mi coche es rojo.*
   ▷ *El mío es azul.*

   ▶ *Mi casa es grande.*
   ▷ *La mía es pequeña.*

   ▶ *Mis padres son de Madrid.*
   ▷ *Los míos son de Toledo.*

   Si el posesivo se usa detrás de *ser*, son correctas las formas completas *(el mío, la mía…)* y las formas no completas *(mío, mía…)*. La forma no completa es más usual para indicar la identificación de un objeto concreto único.

   ▶ *¿De quién es el bolígrafo rojo?*
   ▷ *Es mío.*

   ▶ *¿De quién es la chaqueta negra?*
   ▷ *Es mía.*

   La forma completa es preferible para expresar la identificación de un objeto que está dentro de un grupo de objetos similares.

   ▶ *¿Cuál es tu bolígrafo?*
   ▷ *El rojo es el mío.*

   ▶ *¿Cuál es tu chaqueta?*
   ▷ *La negra es la mía.*

   ATENCIÓN: las formas posesivas de tercera persona son equivalentes a las construcciones prepositivas *de* + *él, ella, usted, ustedes*.

   - *¿Es suya la radio?*   =   *¿Es de usted la radio?*
   - *¿Es suyo el libro?*   =   *¿Es de usted el libro?*
   - *¿Son suyos los guantes?*   =   *¿Son de usted los guantes?*

2. **Tres modelos de verbos reflexivos con sus respectivos pronombres reflexivos:**

	Llamarse	**Dedicarse**	**Prepararse**
(yo)	me llamo	me dedico	me preparo
(tú)	te llamas	te dedicas	te preparas
(él)	se llama	se dedica	se prepara
(nosotros)	nos llamamos	nos dedicamos	nos preparamos
(vosotros)	os llamáis	os dedicáis	os preparáis
(ellos)	se llaman	se dedican	se preparan

3. **Los verbos pronominales son verbos con dos características principales:**

   A. Usan siempre los pronombres *me, te, le, nos, os* y *les* delante del verbo.

   B. El verbo casi siempre aparece en tercera persona singular o plural *(me gusta el vino / me gustan los vinos franceses; me encanta Portugal / me encantan los portugueses; este programa me parece interesante / estos programas me parecen interesantes).*

   Tres modelos de verbos pronominales con sus respectivos pronombres:

	Gustar	**Encantar**	**Parecer**
	me gusta(n)	me encanta(n)	me parece(n)
	te gusta(n)	te encanta(n)	te parece(n)
	le gusta(n)	le encanta(n)	le parece(n)
	nos gusta(n)	nos encanta(n)	nos parece(n)
	os gusta(n)	os encanta(n)	os parece(n)
	les gusta(n)	les encanta(n)	les parece(n)

   ATENCIÓN: no es obligatorio, pero en español es normal usar estos pronombres con el complemento prepositivo *a mí, a ti, a él, a nosotros, a vosotros, a ellos.* Por ejemplo:

- *Me gusta Roma* = *A mí me gusta Roma.*
- *Te gusta Roma* = *A ti te gusta Roma.*
- *Le gusta Roma* = *A él le gusta Roma.*
- *Nos gusta Roma* = *A nosotros nos gusta Roma.*
- *Os gusta Roma* = *A vosotros os gusta Roma.*
- *Les gusta Roma* = *A ellos les gusta Roma.*

B EJERCICIOS

a) **Posesivos.** Completa con las formas posesivas que indican los paréntesis.

1. ▶ *¿De quién es la bicicleta?*
   ▷ (1ª pers. sing.) *Es* _____ .
2. ▶ *¿De quién es la cámara de fotos?*
   ▷ (1ª pers. sing.) *Es* _____ .
3. ▶ *¿De quién es este diccionario?*
   ▷ (1ª pers. sing.) *Es* _____ .
4. ▶ *¿De quién son las llaves?*
   ▷ (1ª pers. sing.) *Son* _____ .
5. ▶ *¿De quién es la guitarra?*
   ▷ (1ª pers. sing.) *Es* _____ .
6. ▶ *¿De quién son las gafas?*
   ▷ (1ª pers. sing.) *Son* _____ .
7. ▶ *¿De quién son estos papeles?*
   ▷ (1ª pers. sing.) *Son* _____ .
8. ▶ *¿De quién es el tabaco?*
   ▷ (1ª pers. sing.) *Es* _____ .
9. ▶ *¿De quién son los discos?*
   ▷ (1ª pers. sing.) *Son* _____ .
10. ▶ *¿De quién es el periódico?*
    ▷ (1ª pers. sing.) *Es* _____ .
11. ▶ *¿De quién es este dinero?*
    ▷ (2ª pers. sing.) *Es* _____ .

12. ▶ ¿De quién es esta cerveza?
    ▷ (2ª pers. sing.) Es _____ .
13. ▶ ¿De quién son los pañuelos?
    ▷ (3ª pers. sing.) Son _____ .
14. ▶ ¿De quién son estas ideas?
    ▷ (3ª pers. sing.) Son _____ .
15. ▶ ¿De quién es el coche rojo?
    ▷ (3ª pers. sing.) Es _____ .
16. ▶ ¿De quién es la culpa?
    ▷ (1ª pers. plural) Es _____ .
17. ▶ ¿De quién es la casa?
    ▷ (1ª pers. plural) Es _____ .
18. ▶ ¿De quién son las bolsas?
    ▷ (1ª pers. plural) Son _____ .
19. ▶ ¿De quién son las cartas?
    ▷ (2ª pers. plural) Son _____ .
20. ▶ ¿De quién es esta maleta?
    ▷ (2ª pers. plural) Es _____ .
21. ▶ ¿De quién es el encendedor?
    ▷ (3ª pers. sing.) Es _____ .
22. ▶ ¿De quién es este paraguas?
    ▷ (1ª pers. sing.) Es _____ .
23. ▶ ¿De quién es el abrigo azul?
    ▷ (3ª pers. sing.) Es _____ .
24. ▶ ¿De quién son estos patines?
    ▷ (1ª pers. sing.) Son _____ .
25. ▶ ¿De quién es la pelota?
    ▷ (3ª pers. sing.) Es _____ .

b) **Verbo *gustar*. Completa con los pronombres que indican los paréntesis.**

1. (A María) _____ gusta mucho la cocina mexicana.
2. (A mis padres) _____ gusta muchísimo el flamenco.

3. (A mí) no _____ gusta nada el bacalao.
4. ¿(A ti) _____ gusta la salsa?
5. ¿(A vosotros) _____ gusta Tarantino?
6. (A nosotros) _____ gusta más París.
7. (A mi hermana) no _____ gusta el café.
8. (A mí) _____ gustan las películas de suspense.
9. ¿(A ti) _____ gustan las matemáticas?
10. (A vosotros) _____ gusta mucho el helado, ¿verdad?
11. (A Antonio) no _____ gusta el fútbol.
12. (A mí) _____ gustan los domingos.
13. ¿(A ti) _____ gusta el curso?
14. (A nosotros) _____ gusta mucho Marruecos.
15. (A ti) _____ gusta cocinar, ¿verdad?
16. (A Daniel) _____ gusta el tenis.
17. (A mí) _____ gusta pintar.
18. ¿(A vosotros) _____ gusta ver la televisión?
19. (A José Luis) no _____ gustan los gatos.
20. (A mí) _____ gustan todos los deportes.

c) **Verbos pronominales.** Completa con los pronombres que indican los paréntesis.

1. (A mí) _____ encanta la literatura española.
2. (A Ana) _____ parece bien la idea.
3. (A mí) _____ pone triste la Navidad.
4. ¿(A ti) _____ parece correcta esta actitud?
5. (A nosotros) _____ enfada esta situación.
6. (A mí) _____ duele mucho el estómago.
7. (A Pedro) _____ dan miedo los dentistas.
8. (A ellos) _____ parece mal esta decisión.
9. ¿(A vosotros) _____ molesta la música?
10. (A mí) _____ relaja mucho la música clásica.
11. ¿(A ti) _____ produce la misma sensación?
12. (A mí) _____ ponen alegre las canciones de Abba.

13. (A Pablo) _____ dan pánico las arañas.
14. (A nosotros) _____ molesta mucho la impuntualidad.
15. ¿(A ti) _____ duele la cabeza?
16. (A mí) _____ encantan las sorpresas.
17. ¿(A vosotros) _____ molesta la televisión?
18. (A Alicia) _____ dan mucho asco las ratas.
19. (A nosotros) _____ asustan las consecuencias.
20. (A ellos) _____ preocupa el examen.
21. (A mí) _____ aburren estas fiestas.
22. (A nosotros) _____ da igual la opinión de Juan.
23. ¿(A vosotros) _____ extrañan las palabras del director?
24. ¿(A ti) _____ sorprende esta reacción?
25. (A mí) _____ ponen nervioso las esperas.
26. (A nosotros) _____ encantan las clases de tango.
27. (A ti) _____ quedan muy bien los vaqueros.
28. (A él) _____ apasiona el teatro.
29. (A ellos) _____ parece muy bonita.
30. (A mí) _____ preocupa el tiempo.

C QUÉ ME CUENTAS

• **Vocabulario relacionado con ropa y calzado.**

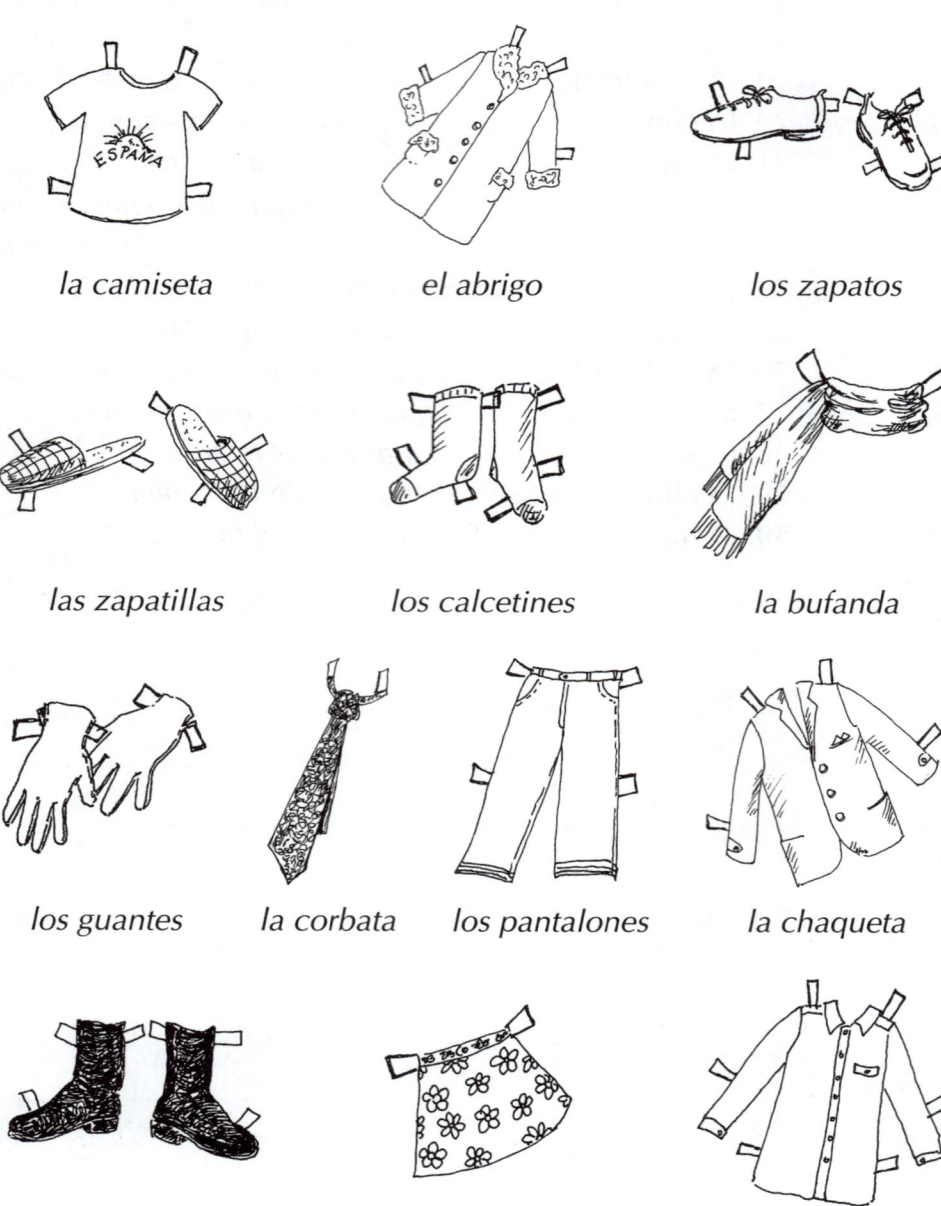

- **De compras.** Completa con pronombres el siguiente diálogo entre un vendedor y un comprador:

Vendedor ▶ Buenas tardes, ¿ _____ puedo ayudar en algo?
Comprador ▷ Sí. ¿Tenéis unos vaqueros que _____ llaman «Dolce vita»?
▶ Sí. Están en esa estantería. ¿Qué talla tienes?
▷ No estoy seguro. Creo que la cuarenta.
▶ ¿De qué color _____ quieres?, ¿negros?
▷ No. _____ gustan más azules.
▶ Muy bien. Toma.
▷ ¿Dónde están los probadores?
▶ Al final del pasillo, a la derecha.

(Cinco minutos después)
▷ _____ quedan un poco estrechos. _____ quiero probar la talla siguiente.
▷ Creo que la cuarenta y dos está agotada. Lo siento. No _____ queda la cuarenta y dos, pero hay otros vaqueros muy parecidos a los «Dolce vita». Mira. Son ésos. ¿Qué _____ parecen?
▷ ¿Cuánto cuestan?
▶ Están muy bien de precio. Valen treinta euros.
▷ _____ _____ voy a probar.

(Cinco minutos después)
▶ ¿Qué tal?
▷ _____ van muy bien. _____ llevo. ¿Dónde puedo pagar?
▶ En la caja tres, por favor.
▷ Gracias.
▶ A ti.
▷ Hasta luego.

29

UNIDAD 3

Hay/está

A   LA PIZARRA

HAY	ESTÁ(N)
un(o), una	el, la, los, las
otro, otra	el otro, la otra
¿algún(o), alguna?	
ningún(o), ninguna	

1. *Hay*, forma impersonal de *haber*, informa en español de una existencia. Su uso es obligatorio con los artículos indeterminados *un(o)*, *una*.

   > En la escuela hay un laboratorio de idiomas muy grande.
   > En la escuela hay una mesa de ping-pong.
   > ¿Dónde hay un buen restaurante en Granada?
   > ¿Dónde hay una buena librería en Granada?

   El artículo indeterminado masculino tiene dos posibilidades. La forma *un* se usa cuando aparece el sustantivo *(hay sólo un diccionario; hay un tren para Cádiz a las seis)*. La forma completa *uno* se usa cuando no aparece el sustantivo *(hay sólo uno; hay uno para Cádiz a las seis)*.

2. *Hay otro(a)* **informa de la existencia de más de dos componentes de un mismo grupo:**

   Hay otro bolígrafo sobre la mesa.
   Hay otra pelota en el armario.

   ATENCIÓN: *Otro(a)* no permiten en español la combinación con los artículos indeterminados. No es correcto decir *unotro* o *unaotra*. Las soluciones correctas son *otro* u *otra*:

   Hay otro autobús a las ocho. (correcto)
   * *Hay unotro autobús a las ocho.* (incorrecto)

   Hay otra farmacia cerca. (correcto)
   * *Hay unaotra farmacia cerca.* (incorrecto)

   Las formas plurales son *otros/otras*. Estas formas pueden ir con información de número en plural:

   Hay otros dos italianos en el grupo.
   Hay otras seis personas esperando.

   ATENCIÓN: No es correcto poner el número delante. El número aparece obligatoriamente detrás de *otros/otras*:

   Otros dos cafés, por favor. (correcto)
   * *Dos otros cafés, por favor.* (incorrecto)

   Otras tres cañas, por favor. (correcto)
   * *Tres otras cañas, por favor.* (incorrecto)

3. *Hay* **tiene los elementos específicos** *algún(o)/alguna* **para la estructura interrogativa. Y los elementos** *ningún(o)/ninguna* **para la estructura negativa:**

   ▶ *¿Hay algún problema?*
   ▷ *No, no hay ningún problema.*

   ▶ *¿Hay alguna pregunta?*
   ▷ *No, no hay ninguna pregunta.*

4. *Estar* expresa información de localización. Se usa con los artículos determinados *el*, *la*, *los*, *las*.

> El laboratorio de idiomas está al final del pasillo.
> La mesa de ping-pong está en la terraza.
> ¿Dónde está el restaurante «Raíces»?
> ¿Dónde está la librería «Palabras»?
> Los pasaportes están en el cajón.
> Las gafas están en la mesa.

5. *El otro/la otra* indican la localización del segundo elemento de un grupo de dos. Se utilizan con *estar*.

> El otro bolígrafo está en mi bolso. (sólo dos bolígrafos).
> La otra pluma está en mi cartera. (sólo dos plumas).
> ¿Dónde está el otro servicio? (sólo dos servicios).
> ¿Dónde están las otras tijeras? (sólo dos tijeras).

B EJERCICIOS

a) Completa con *hay* o con *está(n)*.

1. En mi calle _____ una panadería.
2. La pescadería _____ en la esquina de la calle.
3. ¿Dónde _____ las llaves?
4. _____ un buzón muy cerca de aquí.
5. _____ una cabina enfrente del bar.
6. ¿_____ lejos la estación?
7. La pluma _____ encima del escritorio.
8. Abajo _____ un servicio.
9. La sala de vídeo _____ arriba.
10. ¿Dónde _____ una buena librería en Málaga?
11. ¿Dónde _____ un zapatero?
12. ¿Dónde _____ la piscina cubierta?

13. La calle de Alcalá, ¿_____ por aquí?
14. _____ una comisaría en el centro.
15. _____ un estudiante de Brasil en el grupo.
16. ¿Dónde _____ el libro de ejercicios?
17. ¿Dónde _____ la sal?
18. Las cerillas _____ allí.

b) Completa con *hay* o con *está(n)*.

1. No _____ ninguna solución.
2. La mantequilla _____ en el frigorífico.
3. ¿_____ algún bar de salsa en el centro?
4. ¿_____ alguna carta para mí?
5. No _____ ningún actor como él.
6. No sé dónde _____ la bufanda.
7. El estanco _____ en la plaza.
8. En este barrio no _____ ninguna biblioteca.
9. El ordenador _____ en mi habitación.
10. El coche _____ en el taller.
11. No _____ ninguna posibilidad.
12. ¿_____ algún avión el sábado por la tarde?
13. No _____ ninguna plaza libre.
14. Las cintas _____ en mi casa.
15. ¿_____ alguna duda?
16. No _____ ninguna cantante tan buena.
17. Las bicicletas _____ en la cochera.
18. ¿Dónde _____ los guantes?

c) Completa con *hay* o con *está(n)*.

1. _____ otro partido mañana.
2. _____ otra manta en el armario.
3. ¿Dónde _____ la otra gasolinera?
4. ¿Dónde _____ el otro vídeo?

5. El otro teatro _____ en la plaza Mariana.
6. _____ otro cajero enfrente.
7. ¿Dónde _____ el otro locutorio?
8. ¿Dónde _____ otra bocadillería?
9. La otra radio _____ en mi oficina.
10. _____ otra parada de taxis en Plaza Nueva.
11. Mañana _____ otra visita a la catedral.
12. El otro encendedor _____ ahí.
13. ¿Dónde _____ los otros alumnos?
14. ¿Dónde _____ otro vaso?
15. ¿Dónde _____ otra servilleta?
16. ¿Dónde _____ la otra toalla?
17. ¿Dónde _____ el otro baño?
18. ¿Dónde _____ otro paraguas?

d) **Indica si las siguientes oraciones son correctas o incorrectas.**

1. No hay ningún estanco en esta calle.
2. La oficina de Correos está al final de esta avenida.
3. ¿Dónde está el teléfono?
4. Está un abridor en la cocina.
5. Está una floristería muy cerca.
6. ¿Dónde está el periódico?
7. Hay una cervecería muy buena en mi barrio.
8. Hay un profesor de Chile.
9. Hay otro paquete de pañuelos en la mesita.
10. ¿Dónde está la guía telefónica?
11. ¿Dónde hay una buena pizzería en Granada?
12. ¿Hay alguna chaqueta un poco más barata?
13. La camisa blanca está en la lavadora.
14. ¿Dónde está el regalo?
15. Está un fax para ti.
16. Hay un correo para ti.
17. Hay unaotra conferencia hoy.
18. Hay dos otras personas interesadas.

e) **Información sobre mi casa.** Completa con *hay* o con *está(n)*.

_____ dos plantas. En la primera planta _____ cinco habitaciones. En la segunda _____ tres. La cocina, el salón y el comedor _____ en la primera planta. La cocina _____ a la derecha de la entrada. El comedor _____ enfrente de la cocina y el salón _____ al final del pasillo. También _____ una pequeña biblioteca que _____ al lado del salón.
Los dormitorios _____ en la segunda planta. _____ dos baños. _____ uno abajo. El otro _____ arriba. En mi dormitorio _____ un gran balcón con unas vistas muy bonitas.
Afuera _____ un pequeño jardín. La cochera _____ en un lateral de la casa.

C QUÉ ME CUENTAS

- **Vocabulario relacionado con la ciudad.**

el cine

el cajero

correos

el estanco

la librería

el buzón

la comisaría

la cabina

la pista de tenis

el campo de fútbol   la tetería   la pastelería

la pescadería   la cafetería   la carnicería

- **El barrio donde vivo.** Completa el texto con *hay* o con *está(n)*.

Se llama Realejo. _____ en el centro y _____ muchos bares con muy buenas tapas. Especialmente _____ uno con una paella deliciosa. También _____ varios restaurantes. La mayoría _____ en una gran plaza conocida como Campo del Príncipe. En el Campo del Príncipe _____ mucha animación, porque _____ muchas terrazas para escapar del calor en verano o para sentarse al sol en invierno.
Durante los fines de semana _____ muchísima más gente en esta zona. Los cines _____ muy cerca. Además, _____ una calle con bastantes teterías y pastelerías árabes. _____ algunas tiendas para hacer la compra, pero normalmente yo voy al mercado central. Me encanta el ambiente. Además, en el mercado _____ mejores carnicerías, pescaderías y fruterías.
Sólo _____ dos cosas en mi barrio que no me gustan. _____ demasiado tráfico y mi facultad _____ lejos. Aunque _____ dos autobuses para ir, casi siempre llegan tarde y van llenísimos.

UNIDAD 4

El imperativo afirmativo

A   LA PIZARRA

> 1   DAR PERMISO
>
> 2   DAR ÓRDENES
>
> 3   DAR CONSEJOS
>
> 4   DAR INSTRUCCIONES

1. **El imperativo afirmativo (formación, página 133). Una de sus funciones comunicativas es dar permiso**

   Se usa normalmente en contextos donde primero una persona pide permiso (*poder* + infinitivo). Posteriormente otra persona da permiso (imperativo):

   ▶   *¿Puedo fumar?*
   ▷   *Sí, fuma.*

   ▶   *¿Puedo entrar?*
   ▷   *Sí, entra.*

   ATENCIÓN: el verbo tiene a veces complemento directo (acusativo). Los pronombres sustitutos de complemento directo son: *lo* (masculino singular), *los* (masculino plural), *la* (femenino singular), *las* (femenino plural).

MUY IMPORTANTE: en español todos los pronombres van detrás del imperativo afirmativo:

- ▶ *¿Puedo coger el diccionario?*
- ▷ *Sí, cógelo.*

- ▶ *¿Puedo usar los libros?*
- ▷ *Sí, úsalos.*

- ▶ *¿Puedo apagar la luz?*
- ▷ *Sí, apágala.*

- ▶ *¿Puedo abrir las ventanas?*
- ▷ *Sí, ábrelas.*

2. **Dar órdenes** **es otra de las funciones del imperativo.**
   Dos situaciones típicas para esta función son los contextos de padres/hijos y de profesores/alumnos. Sin embargo, no son las únicas. El imperativo es también frecuente entre conocidos o amigos para pedir algo sin efecto de orden *(compra pan; trae la sal; sube la televisión…).*

   ATENCIÓN: las palabras *camarero* y *señor* no son adecuadas para dirigirse a quien nos atiende en un restaurante o cafetería. Dos posibilidades correctas son *oiga* o *por favor*. La expresión *por favor* es siempre la forma más simple de reducir totalmente la sensación imperativa.

3. **Dar consejos** **es otro de los usos más importantes.**
   Estos consejos son particularmente habituales en dos momentos comunicativos muy característicos: problemas *(habla con ella; fuma menos)*, y recomendaciones *(lee este libro; escucha esta música)*. Además, las recomendaciones presentan la variante de la publicidad como una de las ocasiones frecuentes de imperativo *(compra en Supermercados Manuel; bebe cerveza Giralda…).* Los llamados consejos publicitarios invaden la televisión, la radio, las calles *(visita tiendas Paolo; come en Pizzería Napoli…).*

4. **Dar instrucciones** es la última de las funciones.

Normalmente aparece asociada al uso de máquinas *(introduce la moneda; pulsa el botón azul...)*, y a localización de direcciones *(continúa recto; cruza la avenida...)*.

RECUERDA: si el verbo tiene pronombres, estos van detrás del imperativo afirmativo. Por ejemplo, los pronombres de complemento directo *(lo, la, los, las > cómpralo; visítala...)* o los pronombres reflexivos *(me, te, se, nos, os > levántate, lávate las manos...)*.

B EJERCICIOS

a) Dar permiso. Completa con imperativos y con la persona *tú*.

1. ▶ ¿Puedo bajar la radio?
   ▷ Sí, _____ .
2. ▶ ¿Puedo utilizar el diccionario?
   ▷ Sí, _____ .
3. ▶ ¿Puedo tomar un café?
   ▷ Sí, _____ .
4. ▶ ¿Puedo cerrar la puerta?
   ▷ Sí, _____ .
5. ▶ ¿Puedo sacar una foto?
   ▷ Sí, _____ .
6. ▶ ¿Puedo encender la televisión?
   ▷ Sí, _____ .
7. ▶ ¿Puedo comunicar la noticia?
   ▷ Sí, _____ .
8. ▶ ¿Puedo coger tu bolígrafo?
   ▷ Sí, _____ .
9. ▶ ¿Puedo abrir el regalo ya?
   ▷ Sí, _____ .
10. ▶ ¿Puedo invitar a Luis?
    ▷ Sí, _____ .

11. ► ¿Puedo llamar a María?
    ▷ Sí, _____ .
12. ► ¿Puedo poner la mesa ya?
    ▷ Sí, _____ .
13. ► ¿Puedo pintar las puertas de azul?
    ▷ Sí, _____ de azul.
14. ► ¿Puedo preparar la sangría ya?
    ▷ Sí, _____ .
15. ► ¿Puedo apagar el horno ya?
    ▷ Sí, _____ .
16. ► ¿Puedo leer tu poema?
    ▷ Sí, _____ .
17. ► ¿Puedo hacer una pregunta?
    ▷ Sí, _____ .
18. ► ¿Puedo cortar la tarta ya?
    ▷ Sí, _____ .
19. ► ¿Puedo pedir algo?
    ▷ Sí, _____ .
20. ► ¿Puedo dar mi opinión?
    ▷ Sí, _____ .
21. ► ¿Puedo escribir un correo?
    ▷ Sí, _____ .
22. ► ¿Puedo llevar a mi perro a tu casa?
    ▷ Sí, _____ .
23. ► ¿Puedo borrar la pizarra?
    ▷ Sí, _____ .
24. ► ¿Puedo consultar la enciclopedia?
    ▷ Sí, _____ .
25. ► ¿Puedo organizar una pequeña fiesta en la oficina?
    ▷ Sí, _____ .

b) Dar órdenes. **El niño del 1º A va a pasar el fin de semana con los vecinos, porque sus padres van a Madrid. Completa con *tú* las órdenes que recibe.**

1. (Portarse) _____ bien.
2. (Obedecer) _____ siempre a María.

3. (Comer) _____ sin protestar.
4. (Beberse) _____ toda la leche.
5. (Lavarse) _____ los dientes.
6. (Hacer) _____ los deberes.
7. (Ver) _____ poco la televisión.
8. (Subir) _____ pronto a casa.
9. (Acostarse) _____ temprano.

c) Dar consejos. **Consejos para prevenir el estrés. Completa con la persona** *usted*.

1. (Tener) _____ paciencia.
2. (Relativizar) _____ los problemas.
3. (Dejar) _____ los problemas en el trabajo.
4. (Disfrutar) _____ las pequeñas cosas.
5. (Hacer) _____ ejercicio físico.
6. (Comer) _____ sin prisa.
7. (Llevar) _____ una dieta sana.
8. (Descansar) _____ más.
9. (Romper) _____ las rutinas.
10. (Sacar) _____ más tiempo libre para usted.

d) Consejos publicitarios. **Completa con la persona** *usted*.

1. (Conducir) _____ un coche seguro.
2. (Venir) _____ a nuestras rebajas.
3. (Viajar) _____ con nosotros.
4. (Consumir) _____ nuestros productos.
5. (Hablar) _____ más con nuestros móviles.
6. (Regalar) _____ bombones «Silvina».
7. (Leer) _____ todas las noticias en «Gol».
8. (Celebrar) _____ su banquete en restaurante «Fiesta».
9. (Probar) _____ el nuevo zumo «Sol».
10. (Preguntar) _____ a nuestros clientes.

e) **Dar instrucciones.** Localización de una dirección. Completa con la persona *usted*.

(Seguir) _____ recto por esta calle. (Girar) _____ a la izquierda. (Cruzar) _____ la Avenida de Castilla. (Tomar) _____ la segunda calle y (continuar) _____ hasta el final.

f) **Dar instrucciones.** Preparación de la pasta. Completa con la persona *usted*.

(Utilizar) _____ bastante agua. (Añadir) _____ la sal. (Mover) _____ y (probar) _____ la pasta de vez en cuando. (Apagar) _____ el fuego después de unos quince minutos. (Escurrir) _____ la pasta.

g) **Síntesis final.** Completa con imperativos y con las personas que indican los paréntesis.

1. (Decir, tú) _____ la verdad.
2. (Escribir, usted) _____ su teléfono, por favor.
3. (Pensar, tú) _____ un poco.
4. (Hablar, usted) _____ más despacio, por favor.
5. (Ser, ustedes) _____ prudentes.
6. (Vender, vosotros) _____ la casa.
7. (Abrocharse, ustedes) _____ los cinturones.
8. (Desconectar, ustedes) _____ los móviles.
9. (Abrir, vosotros) _____ el libro por la página seis.
10. (Preguntar, vosotros) _____ las dudas.
11. (Terminar, ustedes) _____ ya, por favor.
12. (Esperar, ustedes) _____ aquí, por favor.
13. (Rellenar, ustedes) _____ este impreso.
14. (Firmar, ustedes) _____ la solicitud.
15. (Acostarse, tú) _____ .

16. (Pedir, vosotros) _____ la cuenta.
17. (Olvidar, vosotros) _____ el problema.
18. (Quejarse, tú) _____ al director.
19. (Irse, tú) _____ en tren.
20. (Poner, tú) _____ la televisión.
21. (Lavarse, tú) _____ los dientes.
22. (Callarse, tú) _____ .
23. (Darse, tú) _____ prisa.
24. (Sentarse, tú) _____ .
25. (Contar, tú) _____ el chiste otra vez.
26. (Venir, tú) _____ mañana a las dos.
27. (Mandar, tú) _____ un fax.
28. (Doblar, ustedes) _____ a la derecha.
29. (Mirar, ustedes) _____ en la sección juvenil.
30. (Recordar, tú) _____ las llaves.
31. (Traer, vosotros) _____ los libros mañana.
32. (Salir, tú) _____ esta noche con nosotros.
33. (Inscribirse, tú) _____ en el curso.
34. (Prestar, ustedes) _____ atención, por favor.
35. (Entregar, ustedes) _____ el examen ya.

C QUÉ ME CUENTAS

- **Vocabulario relacionado con las actividades de la casa.**

cocinar   *fregar los platos*   *lavar la ropa*

hacer la cama   *planchar*   *limpiar el polvo*

hacer la compra   *tender la ropa*

- **Un robot muy obediente.** Los robots serán en el futuro los responsables de las obligaciones de la casa. Aquí tienes la programación de uno de ellos. Completa con imperativos y con la persona *tú*.

Primero, (ordenar) _____ mi dormitorio. (Hacer) _____ mi cama y (limpiar) _____ los cristales.
Después, (quitar) _____ el polvo de los muebles. (Barrer) _____ y (fregar) _____ el salón y el baño.
(Lavar) _____ los vaqueros y (recoger) _____ la ropa de ayer. (Planchar) _____ el traje negro.
Para terminar, (fregar) _____ los platos y (preparar) _____ la comida.

UNIDAD 5 — El futuro

A LA PIZARRA

FUTURO DE PERÍFRASIS

A **Actividades futuras muy cerca del presente**

Esta tarde; Esta noche

Después de…

Antes de…

Mañana

B **Cercanía subjetiva**

FUTURO DE TERMINACIÓN

A **Actividades futuras más lejos del presente**

El próximo…

La próxima…

Dentro de…

B **Futuro condicionado**

Si presente, futuro

C **Hipótesis en el presente**

---

1. **Futuro de perífrasis** (formación, página 134). Su función principal es expresar actividades futuras muy cercanas al presente. Por ello, sus elementos temporales más típicos son: *hoy, esta tarde, esta noche, después de* + sustantivo, *después de* + infinitivo, *antes de* + sustantivo, *antes de* + infinitivo, *mañana…*

    Hoy vamos a practicar el futuro.
    ¿Vas a llamar a Ana esta tarde?
    Van a ver la película esta noche.
    Después de clase voy a ir al supermercado.
    Después de comprar, voy a sacar las entradas.

Voy a dormir un poco antes de la fiesta.
Antes de tomar una decisión final, va a hablar con su familia.
¿Vais a visitar Sevilla mañana?

ATENCIÓN: Este futuro también es normal con elementos temporales de más lejanía respecto al presente *(el próximo año, la próxima semana, dentro de tres días…)*. El hablante usa este futuro con estos elementos porque considera segura la realización de estas actividades:

El próximo año voy a trabajar en Madrid.
La próxima semana vamos a hacer una cena en mi casa.

Esta característica es particularmente perceptible en informaciones en las que aparece habitualmente la palabra *seguro*.

El próximo año voy a volver a Andalucía. Seguro.
¿Estás seguro de que la próxima semana no va a venir?
Dentro de dos o tres días va a hacer un examen sorpresa. Estoy seguro.

También hay contextos de cercanía subjetiva en los que se emplea el futuro de perífrasis. El hablante no ve o no quiere ver lejos la culminación de un proceso. El final puede estar lejos, pero se presenta cerca. Estos contextos están asociados muchas veces a situaciones comunicativas de animar a una persona:

¡Tranquilo, Jose! Antes o después vas a encontrar trabajo.
¡Vamos, Alicia! Todo se va a solucionar antes o después.
¡Ánimo, Mario! Al final vas a aprobar esa asignatura.

2. **Futuro de terminación (formación, página 134). Sus funciones comunicativas son tres: actividades futuras más lejos del presente, futuro condicionado, hipótesis en el presente.**

   A. Expresar actividades futuras más lejos del presente. Este uso aparece normalmente con elementos temporales como: *el próximo fin de semana, la próxima semana, el mes que viene, dentro de cinco años, en unos diez días…*

El próximo fin de semana iré a la playa.
El curso empezará la próxima semana.
Terminaré la universidad dentro de tres años.
Iberia será totalmente privada en tres años.
Leeré la tesis el mes que viene.

ATENCIÓN: Este futuro también es posible con elementos temporales de más cercanía respecto al presente *(hoy, esta tarde, esta noche, mañana…)*. Esta circunstancia se observa bien en frases en las que el hablante expresa algún tipo de inseguridad.

¿Qué vamos a comer hoy?	(seguridad de que vamos a comer algo).
¿Qué comeremos hoy?	(inseguridad sobre exactamente qué comida).
¿Qué vas a explicar mañana?	(seguridad de que hay una explicación).
¿Qué explicarás mañana?	(inseguridad sobre exactamente qué tema).
¿Quién va a venir luego?	(seguridad de que va a venir alguien).
¿Quién vendrá luego?	(inseguridad sobre exactamente quién).

B. Futuro condicionado. La realización del futuro depende a veces del cumplimiento de una condición. Esta condición se indica con la estructura condicional *si* + presente de indicativo. El resultado se manifiesta con el futuro de terminación.

Condición	Resultado
Si me toca la lotería,	*haré un gran viaje.*
Si tengo tiempo hoy,	*veré la película.*
Si mañana llueve,	*no habrá partido.*
Si acabo pronto,	*iré a la fiesta.*

C. **Hipótesis en el presente.** Esta función sirve para mostrar probabilidad en contextos comunicativos de presente:

▶ *¿Qué hora es?*
▷ *No sé. Serán las dos, más o menos.*

▶ *¿Sabes el precio del autobús a Toledo?*
▷ *No sé. Costará unos quince euros.*

▶ *Luisa se está retrasando mucho.*
▷ *Habrá mucho tráfico.*

▶ *Hoy José no habla nada.*
▷ *Estará enfadado por algo.*

B EJERCICIOS

a) Completa con futuros de perífrasis.

1. ¿Qué (tú, hacer) _____ esta noche?
2. Este fin de semana no (yo, salir) _____. (Yo, quedarse) _____ en casa.
3. (Nosotros, hablar) _____ con él esta tarde.
4. *Esta semana* (yo, faltar) _____ dos días.
5. ¿(Vosotros, ver) _____ el partido de mañana?
6. ¿(Tú, quedar) _____ con Emilio hoy?
7. ¿Quién (llevar) _____ a Ana al aeropuerto mañana?
8. ¿(Vosotros, esquiar) _____ mañana?
9. ¿Cuánto (durar) _____ la visita de mañana?
10. Antes de responder, (yo, meditar) _____ bien la decisión.
11. *Las notas* (salir) _____ mañana.
12. ¿Cuándo (nosotros, tomar) _____ algo?
13. *El próximo año* (yo, vivir) _____ en Barcelona.
14. *Estoy seguro de que* (ganar) _____ Italia.
15. ¡Ánimo Laura! (Tú, estar) _____ muy bien muy pronto.

16. (Yo, leer) _____ un poco antes de acostarme.
17. ¿(Tú, venir) _____ mañana?
18. Antes o después (él, llamar) _____. Estoy seguro.
19. La próxima semana (nosotros, montar) _____ a caballo.
20. (Yo, mandar) _____ los libros esta tarde.
21. (Nosotros, conocer) _____ los resultados muy pronto.
22. ¡Vamos, Manuel! Seguro que (tú, conseguir) _____ el puesto.
23. ¿Cuándo (vosotros, reservar) _____ los billetes?
24. Antes o después (nosotros, saber) _____ toda la verdad.
25. ¿Quién (comprar) _____ las entradas del concierto de mañana?
26. ¿Cuándo (tú, tener) _____ la respuesta?
27. ¿Dónde (pasar) _____ tus padres estas Navidades?
28. ¿(Tú, corregir) _____ todos los exámenes hoy?
29. Seguro que España (perder) _____ mañana.
30. Después de la comida (yo, dar) _____ una vuelta con el perro.

b) **Completa con futuros de terminación.**

1. El próximo año (yo, viajar) _____ por Sudamérica.
2. (Nosotros, ir) _____ la próxima semana.
3. El próximo mes (empezar) _____ un curso de flamenco.
4. Dentro de cinco días (haber) _____ huelga de transporte.
5. El martes que viene (yo, cumplir) _____ treinta años.
6. El próximo fin de semana (nosotros, alquilar) _____ un coche.
7. Esta situación (cambiar) _____ algún día.
8. Nunca (yo, olvidar) _____ este favor.
9. ¿(Tú, poder) _____ venir mañana?

10. ¿Quién (ser) _____ el profesor de literatura el próximo año?
11. ¿(Vosotros, jugar) _____ al tenis otra vez la próxima semana?
12. En el 2010 la medicina (tener) _____ una vacuna contra esta enfermedad.
13. Al final (él, descubrir) _____ la verdad.
14. El próximo año (yo, aprender) _____ árabe.
15. La próxima vez (escoger) _____ yo.
16. En mis próximas vacaciones (yo, visitar) _____ Sicilia.
17. ¿Cuándo (vosotros, decidir) _____ algo?
18. (Nosotros, regresar) _____ a Italia el sábado que viene.
19. Nunca más (yo, comer) _____ en ese restaurante.
20. La próxima vez (yo, quejarse) _____ .

c) Carta para los padres de los alumnos del colegio *Federico García Lorca*. **Completa con futuros de terminación.**

Queridos padres:

Me pongo en contacto con ustedes para comunicarles que la próxima semana (nosotros, hacer) _____ una excursión a Córdoba. (Nosotros, salir) _____ del colegio a las nueve, y (nosotros, llegar) _____ a Córdoba a las doce. (Nosotros, visitar) _____ la judería con un guía local. Sobre las dos (nosotros, descansar) _____ en un parque cerca del río. Después (nosotros, ir) _____ a la Mezquita.
(Nosotros, regresar) _____ a las seis, y (nosotros, llegar) _____ al colegio aproximadamente a las nueve.
Los niños (deber) _____ entregar por escrito la presente autorización.
Les saluda atentamente.

María López Blanco

d) El futuro está escrito en las líneas de la mano. Completa con futuros de terminación y con la segunda persona las previsiones de una adivina.

(Terminar) _____ tus estudios lejos de tu ciudad. (Hacer) _____ un curso de tu especialidad en ese lugar. (Encontrar) _____ trabajo, y (quedarse) _____ ahí varios años. (Tener) _____ algunos momentos difíciles, pero finalmente los (solucionar) _____.

(Conocer) _____ a una persona relacionada con el arte. Una pintora, quizá. A través de ella (entrar) _____ en contacto con gente influyente. (Poder) _____ exponer tus cuadros en una galería muy importante. Entonces, (dejar) _____ tu trabajo de programador.

e) Buenos propósitos para el nuevo año que empieza. Completa con futuros de terminación y con la primera persona.

El año que viene (llevar) _____ una vida más sana. (Dejar) _____ el tabaco. (Pasear) _____ más. (Buscar) _____ más tiempo libre.
(Hacer) _____ más ejercicio. (Pasar) _____ menos horas delante del ordenador. (Dar) _____ más importancia a los pequeños placeres.
(Preocuparse) _____ menos por tonterías. (Utilizar) _____ menos el coche. (Ver) _____ menos fútbol.

f) Futuros condicionados. Completa con futuros de terminación.

1. Si mañana hace buen tiempo, (yo, ir) _____ a la montaña.
2. Si quedan entradas, (yo, sacar) _____ dos.
3. Si está Laura, (yo, hablar) _____ con ella.

4. *Si buscas un poco,* (tú, encontrar) _____ *el regalo.*
5. *Si no puedo hoy,* (yo, hacer) _____ *la compra mañana.*
6. *Si no llueve más,* (haber) _____ *restricciones de agua este verano.*
7. *Si hay mucha cola,* (yo, volver) _____ *otro día.*
8. *Si algún día soy rico,* (yo, dar) _____ *una gran parte a gente necesitada.*
9. *Si no nieva más, la estación* (cerrar) _____ *muy pronto.*
10. *Si me ayudas,* (yo, terminar) _____ *antes.*
11. *Si vamos todos,* (él, ponerse) _____ *muy alegre.*
12. *Si me cuentas el secreto, yo no* (decir) _____ *nada.*
13. *Si no aceptas,* (tú, perder) _____ *una gran oportunidad.*
14. *Si no viene hoy,* (él, venir) _____ *mañana.*

g) **Hipótesis en el presente. Completa con futuros de terminación para dar una posible explicación a las siguientes situaciones.**

Situación 1. Un estudiante no come paella en la comida de despedida.
Hipótesis: No (tener) _____ hambre.
No le (gustar) _____.
(Ser) _____ vegetariano.
(Estar) _____ triste.

Situación 2. La clase empieza a las diez. Son las diez y veinte y el profesor no está todavía en clase.
Hipótesis: (Estar) _____ enfermo.
(Haber) _____ mucho tráfico.

Situación 3. Un amigo no responde mis correos electrónicos.
Hipótesis: No (tener) _____ tiempo.
(Haber) _____ un problema en su ordenador.
(Tener) _____ mucho trabajo.

Situación 4. Mi hermano no coge el teléfono.
Hipótesis: (Estar) _____ fuera.
(Estar) _____ en la ducha.
No (oír) _____ el teléfono.

Situación 5. Una chica me mira mucho en un bar.
Hipótesis: (Creer) _____ que yo soy otro.
(Ser) _____ amiga de mi hermana.

Situación 6. Hay una persona gritando en los servicios.
Hipótesis: No (poder) _____ salir.
(Haber) _____ una araña.

h) Completa con futuros de perífrasis o con futuros de terminación.

1. *Todavía no sabemos adónde* (nosotros, ir) _____ *de vacaciones el próximo verano.*
2. *Si me da tiempo,* (yo, visitar) _____ *La Capilla Real.*
3. *¿Tú crees que* (él, estar) _____ *en su casa a estas horas?*
4. *Esta noche* (nosotros, ir) _____ *al cine.*
5. *No sé si ya lo* (él, saber) _____ *o no.*
6. *¿Cuántos años* (tener) _____ *Felipe?*
7. (Yo, cortarse) _____ *el pelo después de clase.*
8. (Él, jubilarse) _____ *dentro de cinco años.*
9. (Yo, hacer) _____ *el café antes de fregar los platos.*
10. *¿Quién* (ser) _____ *el nuevo director?*
11. *Esta noche* (yo, dormir) _____ *en un hotel.*
12. *¿Crees que Mario* (casarse) _____ *algún día?*
13. *Si está cerrado,* (yo, mandar) _____ *el dinero mañana.*
14. *Estoy seguro de que esta película* (estar) _____ *muy bien.*
15. *Si la avería es grave,* (yo, comprar) _____ *otra televisión.*
16. *Este fin de semana* (nosotros, hacer) _____ *una acampada en la sierra.*
17. *En el futuro el hombre* (vivir) _____ *en otros planetas.*
18. *El próximo año* (yo, elegir) _____ *literatura italiana.*
19. *El examen* (ser) _____ *el próximo viernes.*
20. *¿*(Haber) _____ *elecciones anticipadas el año que viene?*

C   QUÉ ME CUENTAS

- **Vocabulario relacionado con el tiempo.**

hacer sol

llover

estar nublado

nevar

haber tormentas

haber nubes y claros

hacer frío

hacer calor

- **¿Qué tiempo hará el próximo fin de semana? Completa con futuros de terminación.**

    En Andalucía (hacer) _____ sol en la parte oriental, y (estar) _____ nublado en la occidental. En el centro de la península (estar) _____ cubierto. En Galicia (llover) _____ y (haber) _____ fuertes tormentas en las zonas montañosas. En Cataluña (haber) _____ nubes y claros. (Soplar) _____ el viento en las zonas costeras.
    Las temperaturas (bajar) _____ en el sur y (mantenerse) _____ en el norte. El lunes (haber) _____ una mejoría en todo el país.
    En las Islas Canarias (lucir) _____ el sol y (hacer) _____ bastante calor.

UNIDAD 6

Pronombres de complemento directo e indirecto

A LA PIZARRA

PRONOMBRES DE COMPLEMENTO DIRECTO

Lo: masculino singular **La:** femenino singular

Los: masculino plural **Las:** femenino plural

Usar el diccionario ⇒ *Lo voy a usar.*
Ver la televisión ⇒ *La voy a ver.*

PRONOMBRES DE COMPLEMENTO INDIRECTO

Me: 1ª persona singular **Nos:** 1ª persona plural

Te: 2ª persona singular **Os:** 2ª persona plural

Le: 3ª persona singular **Les:** 3ª persona plural
masculino y femenino masculino y femenino

Mandar un fax a ti ⇒ *Te voy a mandar un fax.*
Dar el dinero a ella ⇒ *Le voy a dar el dinero.*

COMPLEMENTO INDIRECTO + COMPLEMENTO DIRECTO

Me, te, se, nos, os + **Lo(s)/La(s)**

Mandar un fax a ti ⇒ *Te lo voy a mandar.*
Dar el dinero a ella ⇒ *Se lo voy a dar.*

1. **Hay informaciones que solamente contienen complemento directo. Los pronombres para sustituir el complemento directo son: *lo*, *la*, *los*, *las*.**

Abrir las ventanas	⇒	Las voy a abrir.
Aceptar la idea	⇒	La voy a aceptar.
Corregir el examen	⇒	Lo voy a corregir.
Lavar los platos	⇒	Los voy a lavar.

    ATENCIÓN: el complemento directo de persona lleva la preposición *a*.

Ver **a** José	⇒	Lo veo mucho.
Querer **a** María	⇒	La quiero.
Perdonar **a** José	⇒	Lo perdono.
Invitar **a** ellos	⇒	Los voy a invitar.

2. **Hay informaciones que contienen complemento directo y complemento indirecto:**

    Decir <u>algo</u> <u>a alguien</u>;   Dar <u>algo</u> <u>a alguien</u>;   Hacer <u>algo</u> <u>a alguien</u>
         CD   CI   CD   CI   CD   CI

    En estos casos de doble complemento, hay dos posibilidades de sustitución:

    A. Sustituir solamente el complemento indirecto (*me, te, le, nos, os, les*).

Decir la verdad a ti	⇒	Te voy a decir la verdad.
Dar el libro a nosotros	⇒	Nos va a dar el libro.
Hacer un examen a vosotros	⇒	Os voy a hacer un examen.

    B. Sustituir los dos complementos. Primero el complemento indirecto, y después el directo.

Decir la verdad a ti	⇒	Te la voy a decir.
Dar el libro a nosotros	⇒	Nos lo va a dar.
Hacer un examen a vosotros	⇒	Os lo voy a hacer.

ATENCIÓN: Cuando hay doble sustitución pronominal, el pronombre indirecto de tercera persona es *«se»* (masculino, femenino, singular y plural).

Vender la casa a él	⇒	Se la voy a vender.
Contar el secreto a ella	⇒	Se lo voy a contar.
Llevar el café a ellos	⇒	Se lo voy a llevar.
Pedir las llaves a ellas	⇒	Se las voy a pedir.

B EJERCICIOS

a) Completa con pronombres de complemento directo.

1. ▶ ¿Cuándo tenéis la reunión?
   ▷ _____ tenemos mañana.
2. ▶ ¿Dónde hacéis la fiesta finalmente?
   ▷ _____ hacemos en la casa de Mario.
3. ▶ ¿Quién recoge normalmente al niño?
   ▷ _____ recojo yo.
4. ▶ ¿Quién va a llamar a Silvia?
   ▷ _____ voy a llamar yo.
5. ▶ ¿Cuándo vas a visitar la catedral?
   ▷ _____ voy a visitar mañana.
6. ▶ ¿Vamos a practicar las preposiciones hoy?
   ▷ No, _____ vamos a practicar otro día.
7. ▶ ¿Por qué no soportas a Carolina?
   ▷ No _____ soporto por su egoísmo.
8. ▶ ¿Cuándo vas a pintar las puertas?
   ▷ _____ voy a pintar después.
9. ▶ ¿Vas a invitar a tus vecinas?
   ▷ Sí, _____ voy a invitar.
10. ▶ ¿Estáis estudiando a Borges?
    ▷ Sí, _____ estamos estudiando este trimestre.

11. ▶ ¿Comprendes mi opinión?
   ▷ No, no ▒▒▒▒▒ comprendo.
12. ▶ ¿Va a venir Raquel con nosotros?
   ▷ No sé. ▒▒▒▒▒ está pensando.
13. ▶ ¿Conoces a sus padres?
   ▷ No, todavía no ▒▒▒▒▒ conozco.
14. ▶ ¿Cuándo terminas el curso?
   ▷ ▒▒▒▒▒ termino el viernes.
15. ▶ ¿Quién está sustituyendo a Marta?
   ▷ ▒▒▒▒▒ está sustituyendo una profesora nueva.
16. ▶ ¿Quién está organizando la excursión?
   ▷ ▒▒▒▒▒ estoy organizando yo.
17. ▶ ¿Quién piensas que ganará el partido?
   ▷ Seguro que ▒▒▒▒▒ va a ganar Italia.
18. ▶ ¿A qué hora tomas normalmente el metro?
   ▷ ▒▒▒▒▒ tomo a las ocho.
19. ▶ ¿Estás leyendo Hamlet?
   ▷ Sí. ▒▒▒▒▒ estoy leyendo, y me parece muy interesante.
20. ▶ ¿Cuándo vas a ver a Miguel?
   ▷ ▒▒▒▒▒ voy a ver esta noche.
21. ▶ ¿Crees la historia de Manuel?
   ▷ ▒▒▒▒▒ creo totalmente.
22. ▶ ¿Quién va a decidir esta cuestión?
   ▷ ▒▒▒▒▒ vamos a decidir entre todos.
23. ▶ ¿Alguien sabe el teléfono de Elisa?
   ▷ Sí. Yo ▒▒▒▒▒ sé.
24. ▶ ¿Recuerdas la dirección?
   ▷ Sí. ▒▒▒▒▒ recuerdo muy bien.
25. ▶ ¿Cuándo vas a devolver los libros?
   ▷ ▒▒▒▒▒ voy a devolver hoy.
26. ▶ ¿Dónde fabrican estos coches?
   ▷ ▒▒▒▒▒ fabrican en Barcelona.
27. ▶ ¿Echas de menos tu país?
   ▷ ▒▒▒▒▒ echo un poco de menos.

28. ▶ ¿Estás buscando otra casa?
   ▷ Sí, _____ estoy buscando por el centro.
29. ▶ ¿Cuándo necesitas las tarjetas de invitación?
   ▷ _____ necesito muy pronto.
30. ▶ ¿Quién va a cuidar a los niños?
   ▷ _____ voy a cuidar yo.

b) **Completa con las sustituciones pronominales adecuadas.**

1. ▶ ¿Le vais a regalar un móvil a José?
   ▷ No. Finalmente _____ vamos a regalar otra cosa.
2. ▶ ¿Le ofrecerás el puesto a Claudio?
   ▷ No, _____ _____ ofreceré a Ana.
3. ▶ ¿Le vas a plantear el problema al director?
   ▷ Sí, _____ _____ voy a plantear mañana.
4. ▶ ¿Se lo contarás todo a tu familia?
   ▷ No, _____ contaré sólo una parte.
5. ▶ ¿Le vas a aceptar la idea a Alberto?
   ▷ Creo que _____ _____ voy a aceptar.
6. ▶ ¿Le vas a pedir excusas a Marisa?
   ▷ Sí, _____ _____ voy a pedir.
7. ▶ ¿Le vas a preguntar su teléfono?
   ▷ Sí, _____ _____ voy a preguntar.
8. ▶ ¿Le vais a comprar el ordenador?
   ▷ _____ vamos a comprar el ordenador y algo más.
9. ▶ ¿Cuándo les vas a comunicar la noticia?
   ▷ _____ _____ voy a comunicar esta noche.
10. ▶ ¿Les vas a explicar los pronombres hoy?
    ▷ No, no _____ _____ voy a explicar hoy.
11. ▶ ¿Cómo les enviarás el regalo?
    ▷ _____ _____ enviaré por avión.
12. ▶ ¿Cuándo les darás las notas?
    ▷ _____ _____ daré la próxima semana.

13. ▶ ¿Qué le vas a aconsejar?
    ▷ .... voy a aconsejar paciencia.
14. ▶ ¿Por qué no me dejas los esquís?
    ▷ No .... dejo porque uno está roto.
15. ▶ ¿Qué manual de literatura les recomendarás a tus alumnos?
    ▷ .... recomendaré el de Manuel Seco.
16. ▶ ¿Nos prepararás algún día tiramisú?
    ▷ .... prepararé, si encuentro mascarpone.
17. ▶ ¿Cuándo os van a traer los nuevos muebles?
    ▷ .... van a traer el lunes.
18. ▶ ¿Me vas a buscar el pasaporte?
    ▷ Sí, ... buscaré después.
19. ▶ ¿Nos admitirán todas las demandas?
    ▷ Yo creo que sí .... admitirán.
20. ▶ ¿Me retirarán el carné de conducir?
    ▷ Creo que no .... retirarán.
21. ▶ ¿Nos subirán el salario este año?
    ▷ Pienso que .... subirán algo.
22. ▶ ¿Me puedes imprimir el disquete ahora?
    ▷ Sí, ... imprimo en cinco minutos.
23. ▶ ¿Os cobran los gastos de envío?
    ▷ No, no .... cobran.
24. ▶ ¿Os llevan ellos las alfombras a casa?
    ▷ Sí, ... llevan porque tienen este servicio.
25. ▶ ¿Te devolverán el dinero?
    ▷ Yo creo que sí .... devolverán.
26. ▶ ¿Me vas a grabar la cinta?
    ▷ Sí, ... voy a grabar hoy.
27. ▶ ¿Te van a publicar el artículo?
    ▷ Sí, ... van a publicar la próxima semana.

28. ▶ ¿Os repararán pronto la calefacción?
    ▷ Sí, _____ van a reparar esta tarde.
29. ▶ ¿Te van a entregar los análisis hoy?
    ▷ No, _____ _____ van a entregar mañana.
30. ▶ ¿Os va a alquilar el apartamento durante agosto?
    ▷ Sí, _____ _____ va a alquilar.

C QUÉ ME CUENTAS

- **Vocabulario relacionado con los alimentos.**

el aceite

las aceitunas

la leche

los huevos

la miel

el azúcar

la sal

el arroz

el zumo

la mantequilla

las galletas

la tarta

65

el pastel *los ajos* *la cebolla*

- **En el restaurante.** El siguiente diálogo incluye palabras totalmente inadecuadas para el contexto comunicativo de un restaurante. Indica dónde están y sustituye la palabra inadecuada por la adecuada.

Camarero ▶ *Hola.*
Clientes ▷ *Hola. ¿Nos puede dar un telegrama?*
▶ *Sí. Ahora mismo. Aquí tienen.*

(Cinco minutos después)
▶ *¿Saben ustedes ya lo que van a tomar?*
▷ *¿Hay menú de la semana?*
▶ *Sí. De primero, tortilla o gazpacho. Y de segundo, macarrones o historia de España.*
▷ *Yo me voy a pedir un menú. Tortilla y macarrones.*
▷ *Para mí, una ensalada y un filete.*
▶ *El filete, ¿cómo lo quiere?*
▷ *Muy fuerte, por favor.*
▶ *Y, ¿para beber?*
▷ *¿Qué tal está el vinagre de la casa?*
▶ *¡Ah! Excelente. Es un Rueda muy bueno.*
▷ *Entonces, un jarrón completo.*

(Veinte minutos después)
▷ *Perdone. ¿Me puede dar otro martillo para la carne?*
▷ *Y dos cervezas. Este vinagre está muy agrio.*
▶ *Lo siento muchísimo. Les voy a cambiar el jarrón. Invita la casa.*
▷ *No, es igual. Tenemos un poco de prisa. Por favor, tráiganos la factura.*

UNIDAD 7

El pretérito perfecto

A LA PIZARRA

1 Actividades terminadas	**2** Experiencias generales
Esta + mañana, semana…	*¿… alguna vez?*
Este + año, lunes…	*Nunca*
Hace + minutos, horas	*Todavía no*
Hoy	*Ya*
	Una vez; dos, tres, cuatro… veces

1. Los marcadores temporales tienen una influencia decisiva en español para seleccionar el tiempo del pasado. Así, se usa pretérito perfecto (formación, página 135) para expresar actividades terminadas relacionadas con los marcadores temporales: *esta mañana, esta semana, este año, este fin de semana, hoy, hace + minutos, hace + horas…*

   Esta mañana he venido en metro.
   Esta semana han bajado bastante las temperaturas.
   Este fin de semana hemos estado en la playa.
   Hoy he comido con Marisa.
   Ha salido hace diez minutos.

67

2. **La otra función del pretérito perfecto es** hablar de experiencias vitales generales **relacionadas con los** adverbios de tiempo: *alguna vez, nunca, todavía no, ya, muchas veces, una vez...*

> ¿Has bebido tequila alguna vez?
> Nunca he trabajado de profesor.
> Todavía no hemos recibido la carta.
> Ya hemos hablado con ella.
> He perdido las llaves muchas veces.

B EJERCICIOS

a) Completa con pretéritos perfectos.

1. ▶ ¿Qué (tú, desayunar) _____ esta mañana?
   ▷ (Yo, desayunar) _____ sólo un café y un zumo.
2. ▶ ¿A qué hora (tú, levantarse) _____ hoy?
   ▷ (Yo, levantarse) _____ a las nueve.
3. ▶ ¿Por qué (tú, llegar) _____ tan tarde esta mañana?
   ▷ Es que no (yo, oír) _____ el despertador.
4. ▶ ¿Qué (vosotros, hacer) _____ este fin de semana?
   ▷ (Nosotros, esquiar) _____ .
5. ▶ ¿(Vosotros, ver) _____ a Silvia este fin de semana?
   ▷ No, no la (nosotros, ver) _____ .
6. ▶ ¿(Vosotros, mudarse) _____ otra vez este año?
   ▷ Sí, (nosotros, mudarse) _____ al centro.
7. ▶ ¿(Llover) _____ mucho este invierno?
   ▷ No, este invierno (llover) _____ poco.
8. ▶ ¿Quién (ganar) _____ al tenis esta mañana?
   ▷ (Ganar) _____ yo.
9. ▶ ¿Dónde (tú, estar) _____ estas vacaciones?
   ▷ (Yo, estar) _____ en Túnez.
10. ▶ ¿Alguien (comprender) _____ algo de la clase de hoy?
    ▷ Yo no (comprender) _____ nada.

11. ▶ ¿Alguien (usar) _____ mi cámara de fotos esta mañana?
    ▷ Sí, la (usar) _____ yo.
12. ▶ ¿(Vosotros, aprender) _____ mucho este año?
    ▷ Sí, (nosotros, aprender) _____ cosas muy interesantes.
13. ▶ ¿(Él, marcharse) _____ hace mucho tiempo?
    ▷ No, (él, marcharse) _____ hace quince minutos.
14. ▶ ¿Cuándo (llamar) _____ mi padre?
    ▷ (Llamar) _____ hace una hora.
15. ▶ ¿(Tú, ir) _____ a Madrid esta Navidad?
    ▷ No. Esta Navidad (yo, ir) _____ a Lisboa.

b) **Completa con pretéritos perfectos.**

1. ▶ ¿(Tú, tocar) _____ la guitarra alguna vez?
   ▷ No, no (yo, tocar) _____ la guitarra nunca.
2. ▶ ¿(Tú, jugar) _____ al fútbol alguna vez?
   ▷ Sí, (yo, jugar) _____ muchas veces.
3. ▶ ¿(Vosotros, venir) _____ a España muchas veces?
   ▷ No, sólo (nosotros, venir) _____ dos veces.
4. ▶ ¿(Tú, estudiar) _____ ruso alguna vez?
   ▷ No, no (yo, estudiar) _____ ruso nunca.
5. ▶ ¿(Vosotros, bailar) _____ tango alguna vez?
   ▷ No, todavía no (nosotros, bailar) _____ tango.
6. ▶ ¿Alguien (tener) _____ problemas con él alguna vez?
   ▷ No, hasta ahora nadie (tener) _____ problemas con él.
7. ▶ ¿(Tú, pagar) _____ ya?
   ▷ Sí, ya (yo, pagar) _____.
8. ▶ ¿Alguien del grupo (visitar) _____ New York alguna vez?
   ▷ Sí. Creo que Tim (visitar) _____ New York dos veces.

9. ▶ ¿(Tú, vivir) _____ en Berlín alguna vez?
   ▷ No, nunca (yo, vivir) _____ en Berlín.
10. ▶ ¿(Vosotros, disfrazarse) _____ alguna vez?
    ▷ Sí, yo (disfrazarse) _____ muchas veces.
11. ▶ ¿(Vosotros, soñar) _____ en español alguna vez?
    ▷ Sí, yo (soñar) _____ una vez.
12. ▶ ¿(Tú, escribir) _____ un poema alguna vez?
    ▷ No, nunca (yo, escribir) _____ un poema.
13. ▶ ¿Cuántas veces (ellos, poner) _____ esta película?
    ▷ No sé. Creo que la (ellos, poner) _____ tres o cuatro veces.
14. ▶ ¿Alguien de clase (comer) _____ pescado crudo alguna vez?
    ▷ Sí, yo (comer) _____ pescado crudo.
15. ▶ ¿(Tú, plantar) _____ un árbol alguna vez?
    ▷ No, todavía no (yo, plantar) _____ ningún árbol.

c) Completa con pretéritos perfectos.

1. ▶ ¿Qué (vosotros, cenar) _____ esta noche?
   ▷ (Nosotros, cenar) _____ pasta.
2. ▶ ¿(Tú, leer) _____ a García Lorca alguna vez?
   ▷ No, no (yo, leer) _____ nunca a García Lorca.
3. ▶ ¿Qué te (ellos, decir) _____ esta mañana en el hospital?
   ▷ Me (ellos, decir) _____ que estoy muy bien.
4. ▶ ¿(Vosotros, hablar) _____ ya con él?
   ▷ No, todavía no (nosotros, hablar) _____ con él.
5. ▶ ¿(Tú, salir) _____ este fin de semana?
   ▷ Sí, (yo, salir) _____ bastante.
6. ▶ ¿(Vosotros, escuchar) _____ flamenco alguna vez?
   ▷ Yo (escuchar) _____ flamenco muchas veces.
7. ▶ ¿Qué (vosotros, practicar) _____ hoy?
   ▷ (Nosotros, practicar) _____ un paso nuevo.

8. ▶ ¿Alguien de aquí (montar) _____ a caballo alguna vez?
   ▷ Sí, Ana y yo (montar) _____ muchas veces.
9. ▶ ¿(Llegar) _____ ya el tren de Cádiz?
   ▷ Sí, (llegar) _____ hace cinco minutos.
10. ▶ ¿(Tú, hacer) _____ ya los deberes?
    ▷ Sí, ya los (yo, hacer) _____ .
11. ▶ ¿(Tú, pintar) _____ alguna vez?
    ▷ No, nunca (yo, pintar) _____ .
12. ▶ ¿Dónde (vosotros, ir) _____ este verano?
    ▷ (Nosotros, ir) _____ a Grecia.
13. ▶ ¿Te (mentir) _____ yo alguna vez?
    ▷ No, es verdad. Tú nunca me (mentir) _____ .
14. ▶ ¿Quién (reservar) _____ la mesa para esta noche?
    ▷ La (reservar) _____ Isabel.
15. ▶ ¿Tú (fumar) _____ alguna vez?
    ▷ No, yo nunca (fumar) _____ .
16. ▶ ¿(Volver) _____ ya Carolina y Sara?
    ▷ No, todavía no (volver) _____ .
17. ▶ ¿Quién (comprar) _____ el periódico esta mañana?
    ▷ Lo (comprar) _____ Antonio.
18. ▶ ¿Tus hermanos (escalar) _____ alguna vez?
    ▷ Sí, mis hermanos también (escalar) _____ muchas veces.
19. ▶ ¿(Comenzar) _____ ya el concierto?
    ▷ Sí, (comenzar) _____ hace un momentito.
20. ▶ ¿(Abrir) _____ ya el supermercado?
    ▷ No, todavía no (abrir) _____ .

C QUÉ ME CUENTAS

• **Vocabulario relacionado con el tiempo libre.**

jugar al tenis

tocar la guitarra

ir al cine

viajar

montar en bicicleta

esquiar

montar a caballo

leer

nadar

pasear

- **Un fin de semana muy variado.** **El lunes, al empezar la clase, un grupo de alumnos de español habla de sus fines de semana. Completa el diálogo.**

Profesor ▶ *Buenos días. ¿Qué tal el fin de semana? ¿Lo* (vosotros, pasar) _____ *bien?*

Silke ▷ *Sí, muy bien. Yo* (ir) _____ *a Sierra Nevada.* (Yo, quedarse) _____ *en la casa de un amigo.*

Profesor ▶ *¿*(Tú, esquiar) _____ *mucho?*

Silke ▷ *Sí.* (Yo, esquiar) _____ *muchísimo.*

Profesor ▶ *¿Y tú, Tim?*

Tim ▷ *Yo* (estar) _____ *en Córdoba.*

Profesor ▶ *¿Te* (gustar) _____ *?*

Tim ▷ *Me* (encantar) _____ *. Me* (fascinar) _____ *particularmente la judería.*

Profesor ▶ *Chantal. Tú, ¿qué* (hacer) _____ *?*

Chantal ▷ (Ser) _____ *un fin de semana muy tranquilo.* (Yo, descansar) _____ *y* (yo, leer) _____ *mucho.*

Claudia ▷ *Pues yo* (tener) _____ *un fin de semana muy diferente.* (Yo, salir) _____ *de marcha las dos noches. Así que* (yo, dormir) _____ *por la mañana y* (yo, vivir) _____ *por la noche. ¿Y tú?*

Profesor ▶ (Yo, montar) _____ *en bicicleta un poco. Pero sobre todo* (yo, ver) _____ *mucho cine.*

Silke ▷ *¿Qué* (tú, ver) _____ *?*

Profesor ▶ (Yo, ir) _____ *a un ciclo dedicado a Kurosawa.*

UNIDAD 8

El pretérito indefinido

A LA PIZARRA

ACTIVIDADES TERMINADAS

Ayer

Anoche

Anteayer

Anteanoche

El otro día

_____ *pasado(a)*

Hace + días, semanas, meses, años

1. **El pretérito indefinido** (formación, página 136) es el tiempo del pasado que se usa para **expresar actividades terminadas** relacionadas con los **marcadores temporales**: *ayer, anteayer, anoche, anteanoche, el otro día, el año pasado, el mes pasado, el lunes pasado, la semana pasada, la Navidad pasada, hace + días, hace + semanas, hace + meses, hace + años…*

   Lavé los pantalones ayer.
   Anoche bebí demasiado.
   El año pasado viajé por África.
   El otro día comí con Antonio.
   Eché la carta hace dos semanas.

B EJERCICIOS

a) Completa con pretéritos indefinidos regulares.

1. ▶ ¿A qué hora (tú, acostarse) _____ anoche?
   ▷ (Yo, acostarse) _____ a las tres.
2. ▶ ¿Cómo (tú, volver) _____ a tu casa anoche?
   ▷ (Yo, volver) _____ en taxi.
3. ▶ ¿A qué hora (acabar) _____ el concierto ayer?
   ▷ (Acabar) _____ a las doce.
4. ▶ ¿(Faltar) _____ alguien ayer?
   ▷ Sí, (faltar) _____ Alicia.
5. ▶ ¿Qué (vosotros, aprender) _____ la semana pasada?
   ▷ (Nosotros, continuar) _____ con Cervantes.
6. ▶ ¿Quién (ver) _____ la película ayer?
   ▷ Creo que la (ver) _____ todos.
7. ▶ ¿Quién (examinarse) _____ el viernes pasado?
   ▷ Sólo (examinarse) _____ yo.
8. ▶ ¿Qué (vosotros, cocinar) _____ anoche?
   ▷ (Nosotros, cocinar) _____ verdura.
9. ▶ ¿(Tú, entrenar) _____ ayer?
   ▷ No, ayer no (entrenar) _____ .
10. ▶ ¿(Tú, encontrar) _____ ayer el número de teléfono?
    ▷ Sí, lo (encontrar) _____ en la chaqueta.
11. ▶ ¿Dónde (vosotros, pasar) _____ el verano pasado?
    ▷ Lo (nosotros, pasar) _____ en Ibiza.
12. ▶ ¿Cuánto te (costar) _____ la camisa que (tú, comprar) _____ ayer?
    ▷ Me (costar) _____ muy barata. Sólo doce euros.
13. ▶ ¿Quién (pagar) _____ la comida de ayer?
    ▷ La (pagar) _____ la jefa.

14. ▶ (Tú, cambiar) _____ de trabajo el año pasado, ¿verdad?
    ▷ Sí, ahora tengo otro trabajo mucho más interesante.
15. ▶ (Vosotros, mudarse) _____ el mes pasado, ¿verdad?
    ▷ Sí, (nosotros, mudarse) _____ en agosto.
16. ▶ Te (ellos, robar) _____ el otro día, ¿no?
    ▷ Sí, me (ellos, robar) _____ en Plaza Nueva.
17. ▶ ¿Qué te (él, contar) _____ anteayer?
    ▷ Me (él, contar) _____ todo.
18. ▶ ¿Dónde (tú, almorzar) _____ ayer?
    ▷ (Yo, almorzar) _____ en el bar de Pepe.
19. ▶ ¿Qué le (vosotros, regalar) _____ a Ana ayer?
    ▷ Le (nosotros, regalar) _____ una pulsera muy bonita.
20. ▶ ¿Alguien (coger) _____ mi paraguas ayer?
    ▷ Sí, lo (coger) _____ yo.

b) Completa con pretéritos indefinidos irregulares.

1. ▶ ¿(Tú, ir) _____ al teatro anoche?
   ▷ No, al final no (yo, ir) _____ .
2. ▶ ¿(Tú, estar) _____ en la cena el otro día?
   ▷ No, no (yo, estar) _____ .
3. ▶ ¿Cuántas vacaciones (tú, tener) _____ el año pasado?
   ▷ (Yo, tener) _____ seis semanas.
4. ▶ ¿(Hacer) _____ mucho calor el verano pasado?
   ▷ Sí, (hacer) _____ muchísimo calor.
5. ▶ ¿(Venir) _____ alguien ayer después de las diez?
   ▷ No, no (venir) _____ nadie.
6. ▶ ¿Por qué no (tú, ir) _____ al aeropuerto anteayer?
   ▷ Lo siento, pero no (yo, poder) _____ .
7. ▶ ¿Qué ropa (tú, ponerse) _____ para la boda?
   ▷ (Yo, ponerse) _____ el traje azul.

8. ▶ ¿Quién (componer) .... esta música?
   ▷ Creo que la (componer) .... Massenet.
9. ▶ El año pasado, ¿te (dar) .... clase Isabel?
   ▷ No, el año pasado me (dar) .... clase Laura.
10. ▶ ¿Qué te (ellos, decir) .... ayer en la entrevista?
    ▷ No me (ellos, decir) .... nada especial.
11. ▶ ¿(Haber) .... algún problema entre ellos anoche?
    ▷ No, no (haber) .... ninguno.
12. ▶ ¿Quién (traer) .... la tarta la semana pasada?
    ▷ La (traer) .... María.

c) Completa con pretéritos indefinidos.

Ayer (yo, estar) .... en el cine. (Yo, ir) .... a la sesión de las cuatro. (Yo, ver) .... la última película de Saura.
Me (gustar) .... mucho. (Yo, encontrarse) .... a Ana a la salida. (Nosotros, tomar) .... una cerveza. (Ella, disculparse) .... por no ir a mi cumpleaños. No (ella, poder) ....
Esa noche (ella, tener) .... que cenar con unos clientes. También me (ella, decir) .... que el mes pasado (ella, mudarse) .... al Sacromonte. La (yo, llevar) .... en mi coche. Me (ella, enseñar) .... la casa, y me (dar) .... su nuevo número de teléfono para vernos otro día.

d) Completa con pretéritos indefinidos.

La semana pasada (yo, hacer) .... el examen de literatura.
Me (salir) .... mal. (Él, preguntar) .... la poesía de Neruda. No (yo, saber) .... contestar. Sólo

escribí dos títulos, pero no (decir) _____ nada de sus características. Tampoco (yo, poder) _____ responder la última pregunta. No (yo, tener) _____ tiempo.
Para relajarme (yo, ir) _____ a un concierto de flamenco por la tarde. Lo (yo, pasar) _____ muy bien. Me (gustar) _____ particularmente la parte de guitarra.

e) **Breve biografía de Diego Velázquez. Completa con pretéritos indefinidos.**

(Nacer) _____ en Sevilla en 1599. (Aprender) _____ el oficio de pintor en el taller de Francisco Pacheco. En 1617 (superar) _____ el examen para poder ejercer de pintor. En 1623 (pintar) _____ por primera vez al rey. El retrato (maravillar) _____, y (provocar) _____ su nombramiento como pintor de cámara. (Dejar) _____ Sevilla, y (trasladarse) _____ a Madrid. En 1629 (partir) _____ a Italia. (Volver) _____ dos años después. Tiziano, Tintoretto y Veronés (ser) _____ sus tres principales influencias.
En 1649 (viajar) _____ por segunda vez a Italia. (Vivir) _____ en Roma. De vuelta en Madrid (obtener) _____ nuevos honores. (Enfermar) _____ gravemente a finales de julio de 1660. (Fallecer) _____ pocos días después.

f) **Completa con pretéritos perfectos o pretéritos indefinidos.**

1. (Nosotros, vender) _____ el coche el año pasado.
2. Yo nunca (pescar) _____.
3. Anoche (yo, dormir) _____ muy poco.
4. Este mes (nosotros, tener) _____ mucho trabajo.
5. (Nosotros, estar) _____ en México hace dos años.
6. ¿(Tú, ir) _____ al banco esta mañana?

7. *Me* (gustar) _____ mucho la conferencia de ayer.
8. *Nunca* (yo, comer) _____ nada tan rico.
9. *Ya le* (yo, escribir) _____ tres veces, pero él todavía no me (contestar) _____ .
10. *Ayer* (haber) _____ una discusión muy fuerte en la oficina.
11. (Nosotros, alquilar) _____ un coche este fin de semana.
12. *¿Qué* (vosotros, hacer) _____ ayer?
13. *El otro día te* (yo, esperar) _____ más de treinta minutos.
14. *El avión de París* (llegar) _____ hace veinte minutos más o menos.
15. (Nosotros, resolver) _____ el problema ayer.
16. ¿(Vosotros, confirmar) _____ ya el vuelo?
17. *La gasolina* (subir) _____ el año pasado un cinco por ciento.
18. (Nosotros, preguntar) _____ hace sólo cinco minutos.
19. *Anoche* (nosotros, quedar) _____ con Elena y Marisa.
20. *Sara y Andy* (regresar) _____ a Inglaterra hace tres días.

C QUÉ ME CUENTAS

- Vocabulario relacionado con la actividad de viajar.

el mapa

la salida/llegada

la sala de espera

la taquilla

la maleta

el equipaje

el billete

la ventanilla

el cinturón

el retraso

la avería

la multa

- **Viajar es un placer. Completa el texto con pretéritos indefinidos.**

Mis vacaciones (empezar) _____ el lunes pasado. (Yo, tener) _____ un principio de vacaciones muy bueno. Un grupo de compañeros y yo (comer) _____ en un italiano fantástico. Además, nos (invitar) _____ el jefe.
La tarde la (yo, dedicar) _____ a los preparativos del viaje. (Yo, recoger) _____ el billete en la agencia. (Yo, hablar) _____ con mis vecinos. (Yo, despedirse) _____ de algunos amigos por teléfono, y finalmente (yo, hacer) _____ la maleta.
La mañana siguiente (ser) _____ un desastre. Primero, no (yo, oír) _____ el despertador. Después, el autobús del aeropuerto (retrasarse) _____ media hora. Y para terminar, unos cincuenta camioneros en huelga (cortar) _____ la carretera durante una hora.
Así que (yo, perder) _____ el avión.
(Yo, ir) _____ al mostrador de Iberia para explicar mi problema. Afortunadamente, me (ellos, encontrar) _____ una plaza en el vuelo siguiente. Tres horas después por fin (yo, llegar) _____ a Grecia.

UNIDAD 9

El pretérito imperfecto

A LA PIZARRA

---

1 **Habitualidad en el pasado**
(*infancia, juventud, universidad, antes…*)

2 **Imperfecto de causa**
(*ser, estar, tener, poder, querer, haber*)

3 **Descripción en el pasado**
(*ser* + adjetivo; *estar* + adjetivo)

4 **Imperfecto de cortesía**
(*querer, desear, llamar, venir*)

---

1. Informar de hábitos en el pasado es una de las funciones del imperfecto (formación, página 137). Esta función se relaciona con habitualidades en periodos extensos, como la infancia, la época de universidad, los años de juventud…

   Cuando era niño, jugaba mucho al fútbol.
   Cuando estaba en la Universidad, estudiaba poco.
   Cuando era joven, hacía deporte todos los días.

El elemento *antes* es particularmente característico en esta función:

> *Antes vivía en el centro. Ahora, no.*
> *Antes comprendía menos inglés que ahora.*

ATENCIÓN: hay verbos que prefieren el imperfecto por su referencia implícita al elemento *antes*. Estos verbos son principalmente: *pensar, creer, saber, esperar* y *necesitar*.

> *Pensaba que estabas en Madrid.*
> *¿Sabías que Antonio hablaba árabe?*
> *No me esperaba esta sorpresa.*

2. El imperfecto de causa sirve para explicar la razón o el motivo de una determinada actividad. **Los verbos especializados en estas explicaciones son:** *ser, estar, tener, poder, querer* y *haber*.

> *Anoche no fui al concierto porque no había entradas.*
> *Esta mañana no he venido porque no podía.*
> *Ayer no vine porque estaba enfermo.*
> *Este fin de semana no he esquiado porque tenía una reunión en Madrid.*

3. La descripción en el pasado es otro de los usos del pretérito imperfecto. El concepto de descripción no es universal. Es una noción particular de cada lengua. En español se relaciona con:

> **a.** Personas ⇒ *El ladrón era rubio y tenía barba.*
> **b.** Sentimientos ⇒ *Estaba muy alegre anoche.*
> **c.** Enfermedades ⇒ *Tenía fiebre esta mañana.*
> **d.** Cosas ⇒ *La cama era muy cómoda.*

ATENCIÓN: hay dos usos descriptivos muy típicos: *ser* + adjetivo y *estar* + adjetivo. La presencia del adjetivo marca claramente la intención descriptiva del hablante. Esta influencia adjetival origina el empleo del imperfecto en frases como: *La casa era grande; El pueblo era muy bonito; Ayer estaba muy serio; El vino estaba muy bueno…*

4. **El** imperfecto de cortesía **se usa para** expresarse con educación en situaciones comunicativas de presente. **Este imperfecto lo tienen los verbos:** *querer, desear, venir,* y *llamar.*

> ▶ *¿Qué deseaba?*
> ▷ *Venía para hablar con el director.*
>
> ▶ *Iberia. Dígame.*
> ▷ *Buenos días. Llamaba para cancelar un billete.*

B EJERCICIOS

a) Completa con imperfectos el siguiente diálogo referido a la infancia.

Cuando eras niño

1. ▶ ¿Dónde (tú, vivir) _____ ?
   ▷ (Yo, vivir) _____ en un pequeño pueblo.
2. ▶ ¿(Tú, tener) _____ muchos juguetes?
   ▷ Sí, (yo, tener) _____ muchos coches.
3. ▶ ¿A qué (tú, jugar) _____ ?
   ▷ (Yo, jugar) _____ al escondite y al pilla-pilla.
4. ▶ ¿Qué (tú, dibujar) _____ ?
   ▷ (Yo, dibujar) _____ barcos y árboles.
5. ▶ ¿(Tú, leer) _____ mucho?
   ▷ No, no (yo, leer) _____ mucho.
6. ▶ ¿(Tú, tener) _____ algún animal en casa?
   ▷ Sí, (yo, tener) _____ un perro.
   ▶ ¿Cómo (llamarse) _____ ?
   ▷ (Llamarse) _____ Roki.
7. ▶ ¿Cómo (tú, ir) _____ a la escuela?
   ▷ (Yo, ir) _____ a pie.
8. ▶ ¿Te (gustar) _____ la escuela?
   ▷ No, no me (gustar) _____ mucho.

- ▶ *¿Por qué?*
- ▷ *Normalmente las clases* (ser) _____ *aburridas.*
- ▶ *¿Te* (aburrir) _____ *todas las asignaturas?*
- ▷ *Sólo lo* (yo, pasar) _____ *bien en la clase de gimnasia.*
- ▶ *¿Qué deporte* (tú, hacer) _____?
- ▷ *(Yo, practicar)* _____ *casi todos los deportes.*

9. ▶ *¿(Tú, pelearse)* _____ *mucho con tus hermanos?*
- ▷ *Sí, (yo, pelearse)* _____ *sobre todo con mi hermano mayor.*

10. ▶ *¿Qué* (tú, hacer) _____ *durante los veranos?*
- ▷ *(Yo, ir)* _____ *con mi familia a la playa.*

b) Imperfecto de causa. Completa con imperfectos.

1. ▶ *¿Por qué no esquiaste ayer?*
   - ▷ *No* (ser) _____ *posible por el viento.*
2. ▶ *¿Por qué no saliste anoche?*
   - ▷ *No salí porque* (yo, estar) _____ *muy cansado.*
3. ▶ *¿Por qué ayer Jose llegó tan tarde?*
   - ▷ *Llegó tan tarde porque el centro* (estar) _____ *cortado.*
4. ▶ *¿Por qué te enfadaste conmigo el otro día?*
   - ▷ *Me enfadé porque tus bromas* (ser) _____ *desagradables.*
5. ▶ *¿Por qué cerraron todas las tiendas ayer?*
   - ▷ *Cerraron porque* (haber) _____ *huelga del pequeño comercio.*
6. ▶ *¿Por qué no fuiste a la comida?*
   - ▷ *(Yo, estar)* _____ *en Sevilla.*
7. ▶ *¿Por qué no hablaste con la directora?*
   - ▷ *No hablé con ella porque no* (yo, querer) _____ *provocar más problemas.*
8. ▶ *¿Por qué no te examinaste ayer?*
   - ▷ *No me examiné porque no* (yo, estar) _____ *bien preparado.*

9. ▶ ¿Por qué no jugasteis al tenis ayer?
   ▷ No jugamos porque no (haber) _____ pista libre.
10. ▶ ¿Por qué hiciste el viaje en tren?
    ▷ Lo hice en tren porque (ser) _____ mucho más barato que el avión.

c) Un viaje por Italia. **Completa con indefinido o con imperfecto.**

El año pasado (yo, ir) _____ a Italia. (Yo, viajar) _____ solo, porque mis amigos (querer) _____ hacer turismo de playa.
Para ellos, unas vacaciones en la playa (ser) _____ algo genial. Para mí, (ser) _____ tonto perder un mes completo debajo de un cocotero. Yo (necesitar) _____ cultura y un poco de aventura.
(Yo, llegar) _____ a Roma en agosto. (Hacer) _____ bastante calor. (Yo, quedarse) _____ en un albergue juvenil, porque los hoteles (ser) _____ muy caros. El albergue (ser) _____ un antiguo convento. (Tener) _____ dos plantas, y en cada habitación (haber) _____ unas veinte camas. Mi cama no (ser) _____ la cama perfecta, pero...
El segundo día (yo, conocer) _____ a dos chicas italianas. (Ellas, ser) _____ muy divertidas. (Nosotros, quedar) _____ por la noche para dar una vuelta. (Nosotros, estar) _____ en una terraza de verano que curiosamente (llamarse) _____ «El cocotero». (Yo, reírse) _____ cuando (yo, leer) _____ el letrero. La terraza (intentar) _____ reproducir un ambiente caribeño. La música (ser) _____ salsa y merengue. Los cócteles (tener) _____ nombres muy exóticos. Yo (pedir) _____ un «Beso azul». (Estar) _____ muy bueno. Después (yo, probar) _____ el «Bosque poesía». No (estar) _____ mal. (Yo, terminar) _____ con el «Cielo verdadero». Sin comentarios.

La mañana siguiente no (yo, hacer) _____ *nada, porque* (yo, tener) _____ *una resaca terrible.*
Los otros cinco días (yo, visitar) _____ *bastantes cosas, y* (yo, ver) _____ *a Laura y a María dos noches.* (Nosotros, cenar) _____ *en su casa para despedirnos.*
(Yo, seguir) _____ *mi viaje diez días más por el sur. Me* (encantar) _____ *particularmente Nápoles.* (Yo, regresar) _____ *a Madrid lleno de recuerdos muy bonitos.*

d) **Síntesis final de las unidades 7, 8 y 9. Completa con uno de los tres tiempos del pasado. Recuerda sus funciones:** perfecto **(actividades, experiencias generales);** indefinido **(actividades);** imperfecto **(hábitos, causa, descripción, cortesía).**

1. (Yo, faltar) _____ *ayer, porque* (yo, tener) _____ *un dolor de cabeza horrible.*
2. *Antes* (yo, beber) _____ *mucho más café que ahora.*
3. (Yo, visitar) _____ *la mezquita esta mañana.* (Haber) _____ *mucha gente.*
4. (Yo, visitar) _____ *la catedral ayer.* (Haber) _____ *bastante gente.*
5. *Cuando* (yo, ser) _____ *niño,* (querer) _____ *ser astronauta.*
6. (Yo, irse) _____ *tan temprano anoche, porque* (tener) _____ *mucho sueño.*
7. *Todavía no* (nosotros, solucionar) _____ *esta dificultad.*
8. ¿(Tú, hacer) _____ *teatro alguna vez?*
9. (Yo, quejarse) _____ *el otro día, porque no* (haber) _____ *agua caliente.*
10. (Yo, cambiar) _____ *de hostal hoy, porque el otro* (ser) _____ *muy ruidoso.*
11. (Yo, cambiar) _____ *de hostal ayer, porque el otro* (ser) _____ *muy ruidoso.*
12. *Ya* (él, mentir) _____ *muchas veces.*

13. *Yo antes no* (entender) _____ *nada de informática.*
14. *Anoche* (yo, llamar) _____ *a la policía, porque* (yo, tener) _____ *miedo.*
15. *El hotel* (estar) _____ *muy cerca del centro. El desayuno* (ser) _____ *cada día de ocho a nueve.*
16. *¿*(Tú, saber) _____ *que Isabel* (venir) _____ *hoy?*
17. *Cuando* (yo, ser) _____ *niño, me* (dar) _____ *mucho miedo las tormentas.*
18. (Yo, hacer) _____ *la entrevista ayer.* (Yo, estar) _____ *un poco nervioso.*
19. (Yo, descambiar) _____ *los vaqueros esta mañana.* (Tener) _____ *un defecto.*
20. *La paella de ayer* (estar) _____ *muy rica.*

C QUÉ ME CUENTAS

• **Vocabulario relacionado con** hábitos.

levantarse

ducharse

desayunar

coger el autobús

almorzar

salir del trabajo

volver a casa

ver la televisión

cenar

acostarse

- **La lotería cambia la vida.** A María le tocó la lotería el año pasado. Por eso, sus hábitos de antes y de ahora son muy diferentes. Escribe sobre algunos de esos cambios.

  Ejemplos:

ANTES	**AHORA**
Se levantaba a las siete.	Se levanta cuando quiere.
Desayunaba muy deprisa.	Desayuna despacio.
Almorzaba en la oficina.	Almuerza en restaurantes.

UNIDAD 10 El condicional

A LA PIZARRA

- **1** Hipótesis de futuro
- **2** Expresión de deseos para el presente o el futuro
- **3** Hipótesis de explicación del pasado
- **4** Condicional de cortesía
- **5** Transformación del futuro en el estilo indirecto

1. **La función de** hipótesis de futuro **es uno de los usos más importantes del condicional (formación, página 138).** Esta función se relaciona con situaciones de probabilidad para el futuro. El condicional informa de la conducta o de la reacción ante determinadas situaciones que pueden darse en el futuro.

    ▶ *¿Qué te llevarías a una isla desierta?*
    ▷ *Me llevaría papel y lápiz.*

    ▶ *¿En qué caso o situación mentirías?*
    ▷ *Mentiría para escapar de un compromiso social aburrido.*

    A veces, la hipótesis está relacionada con un momentáneo cambio de la identidad. Esta situación aparece en contextos comunicativos en los que el hablante pide consejo:

> ▶ *Tú, en mi lugar, ¿qué harías?*
> ▷ *Yo dejaría la relación.*

> ▶ *Tú que yo, ¿invitarías a Luis?*
> ▷ *Yo no lo invitaría.*

2. **La expresión de** deseos para el presente o el futuro **es otro de los usos del condicional.** Estos deseos se expresan normalmente con la consciencia de la dificultad de su realización.

   > ▶ *¿Qué lenguas te gustaría hablar?*
   > ▷ *Me gustaría hablar árabe y ruso.*

   > ▶ *¿Dónde te gustaría vivir?*
   > ▷ *Me gustaría vivir en Lisboa.*

3. **El uso de** hipótesis para el pasado **es un intento de explicar el porqué de un hecho finalizado no comprendido.** Este hecho ocurre en el ámbito temporal del pretérito indefinido o del pretérito imperfecto.

   > ▶ *Ayer Marisa no fue a la conferencia sobre Dalí.*
   > ▷ *Estaría enferma, porque Dalí le gusta mucho.*

   > ▶ *El otro día Antonio estaba muy antipático.*
   > ▷ *No es normal. Tendría un mal día.*

4. **El** condicional de cortesía **se emplea para expresarse con respeto o educación en contextos comunicativos de presente.** Los verbos usuales para tal fin son: *querer, poder, ser* y *tener*.

   > *Querría la cuenta, por favor.*
   > *¿Podrías repetir el número de teléfono?*
   > *¿Sería tan amable de esperar cinco minutos?*

5. **La última función es la** transformación del futuro en condicional. El futuro del estilo directo cambia a condicional en el estilo indirecto.

Llegaré a las tres.	⇒	Dijo que llegaría a las tres.
Iré por la mañana.	⇒	Dijo que iría por la mañana.
No estaré en mi casa.	⇒	Dijo que no estaría en su casa.

B EJERCICIOS

a) **Hipótesis de futuro.** Utiliza el condicional para responder a las siguientes situaciones hipotéticas de futuro.

1. ▶ *Tú, ¿qué le regalarías?*
   ▷ *Yo le* (comprar) _____ *un libro.*
2. ▶ *¿Qué harías en caso de ver un robo?*
   ▷ (Yo, llamar) _____ *a la policía inmediatamente.*
3. ▶ *¿Aceptarías un trabajo lejos de tu país?*
   ▷ *Lo* (yo, aceptar) _____ *dependiendo de las condiciones.*
4. ▶ *¿Te comprarías una casa en España?*
   ▷ *Sí, me la* (yo, comprar) _____ *en Formentera.*
5. ▶ *¿Qué harías en caso de descubrir que una persona te ha mentido?*
   ▷ (Yo, hablar) _____ *con ella.*
6. ▶ *¿Cómo reaccionarías ante una fiesta sorpresa?*
   ▷ (Yo, emocionarse) _____ *muchísimo.*
7. ▶ *¿Cómo reaccionarías ante un comentario muy ofensivo de alguien?*
   ▷ *Le* (yo, contestar) _____ *con tranquilidad.*
8. ▶ *¿A quién le contarías un gran secreto?*
   ▷ *Le* (yo, contar) _____ *un secreto a mis padres.*
9. ▶ *¿Qué es lo que más te molestaría de un amigo?*
   ▷ *Me* (molestar) _____ *descubrir un interés en mí egoísta.*
10. ▶ *¿Serías capaz de saltar en paracaídas?*
    ▷ *Creo que* (yo, ser) _____ *capaz.*
11. ▶ *No sé qué hacer. ¿Qué harías tú en mi situación?*
    ▷ *Yo le* (pedir) _____ *excusas.*
12. ▶ *Tú en mi lugar, ¿venderías la casa por este precio?*
    ▷ *Yo la* (vender) _____ *más cara.*

13. ▶ ¿Qué escogerías tú: teatro o dialectología?
   ▷ Yo (escoger) .... teatro.
14. ▶ ¿De qué color pintarías tú las puertas?
   ▷ Yo las (pintar) .... de azul.
15. ▶ ¿Qué harías en caso de encontrarte una cartera con mucho dinero?
   ▷ La (yo, devolver) ....
16. ▶ ¿Cómo reaccionarías ante una broma pesada?
   ▷ (Yo, enfadarse) ....
17. ▶ ¿Qué pasaría en caso de suspenderse el concierto?
   ▷ En ese caso el concierto (hacerse) .... otro día.
18. ▶ ¿Tú le dirías la verdad?
   ▷ Sí, yo se lo (contar) .... todo.
19. ▶ ¿Qué pasaría en caso de perder el partido España?
   ▷ En ese caso no (clasificarse) ....
20. ▶ ¿Qué harías en caso de pensar que te están engañando en un restaurante?
   ▷ (Yo, pagar) .... sólo una parte de la cuenta.

b) Expresión de deseos para el presente o el futuro. **Responde a las siguientes preguntas con condicional.**

1. ¿Dónde te gustaría trabajar?
2. ¿Qué país te gustaría conocer profundamente?
3. ¿Dónde te gustaría estar ahora mismo?
4. ¿Qué sueño te gustaría realizar?
5. ¿Qué poder te gustaría tener?
6. ¿Qué talento te gustaría poseer?
7. ¿Qué cambiarías de tu ciudad?
8. ¿Qué tres deseos le pedirías al genio de la lámpara?
9. ¿Qué programas de televisión eliminarías?
10. ¿Qué prohibirías en todo el mundo?
11. ¿Qué ley abolirías en todos los países?
12. ¿Qué problema del mundo solucionarías en primer lugar?

c) **Hipótesis para el pasado.** Utiliza el condicional para dar una posible explicación a las siguientes situaciones.

1. Ayer era mi cumpleaños, pero mi mejor amigo no me llamó.
2. Ayer mi moto no arrancaba, pero hoy ha arrancado sin problemas.
3. Anoche vi a mi vecino muy elegante.
4. El otro día vi a una persona vestida de plátano.
5. Anoche pasaron muchos coches de policía por mi calle.
6. Ayer un estudiante se fue de clase sin decir nada.
7. El otro día una persona sola se reía mucho en el autobús.
8. Ayer no se grabó un documento en el disquete del ordenador.

d) **Transformación del futuro en condicional.** Completa con condicional para transformar el futuro del estilo directo en estilo indirecto.

1. Reservaré la mesa yo. ⇒ Dijo que _____ la mesa él.
2. Volveré tarde. ⇒ Dijo que _____ tarde.
3. Lo traeré mañana. ⇒ Dijo que lo _____ hoy.
4. Me quejaré al director. ⇒ Dijo que se _____ al director.
5. Yo sacaré las entradas. ⇒ Dijo que él _____ las entradas.
6. Recogeré al niño yo. ⇒ Dijo que _____ al niño él.
7. Os prepararé una sorpresa. ⇒ Dijo que nos _____ una sorpresa.
8. Cocinaré algo mejicano. ⇒ Dijo que _____ algo mejicano.
9. Pagaré mañana. ⇒ Dijo que _____ hoy.
10. Me retrasaré un poco. ⇒ Dijo que se _____ un poco.
11. Daré las notas mañana. ⇒ Dijo que _____ las notas hoy.
12. Lo haré yo. ⇒ Dijo que lo _____ él.

C QUÉ ME CUENTAS

- **Vocabulario relacionado con la salud.**

estar enfermo

estar resfriado

doler la cabeza

tener fiebre

tener tos

estar mareado

las pastillas

el jarabe

la píldora

la pomada

- **En la farmacia.** El siguiente diálogo incluye palabras totalmente inadecuadas para el contexto comunicativo de farmacia. Indica dónde están y sustituye la palabra inadecuada por la adecuada.

Cliente ▶ *Hola. Buenas.*
Farmacéutico ▷ *Muy buenas. ¿Qué desea?*
▶ *Quisiera algo para la gripe. Me parece que la he conseguido.*
▷ *¿Qué símbolos tiene?*
▶ *Tengo tos, y en general, el cuerpo muy flojo.*
▷ *¿Tiene temperatura?*
▶ *Creo que un poco.*
▷ *Entonces, le voy a regalar estas pastillas. Tómese una cada ocho horas.*
▶ *¿Pueden tener efectos especiales?*
▷ *Solamente podrían producir somnolencia, pero no es lo normal. ¿Algo más?*
▶ *Sí. Estoy estrenando zapatos, y tengo una herida horrible en el pie. Necesito tiritas y agua con gas.*
▷ *Aquí va.*
▶ *Perdone. Me gustaría tomarme la tensión.*

(Tres minutos después)

▶ *La tiene bien. Trece de máxima y ocho de mínima.*
▷ *Bueno. No todo está mal. Por favor, tráigame la cuenta.*
▶ *Son ocho euros.*
▷ *Aquí tiene.*
▶ *Gracias.*
▷ *Hasta luego.*

UNIDAD 11

Ser y estar

A) LA PIZARRA

1 ADJETIVOS (*simpático, tranquilo, elegante, abierto…*)

Antonio es muy simpático.	⇒ Característica habitual.
Antonio está hoy muy simpático.	⇒ Circunstancia momentánea.

2 ADJETIVOS DE DOBLE SIGNIFICADO (*listo, rico, bueno, malo*)

Alicia es muy lista.	⇒ Alicia es muy inteligente.
Alicia todavía no está lista.	⇒ Alicia todavía no está preparada.

3 ADVERBIOS

Diez minutos es poco tiempo.	⇒ *Ser* + adverbios de cantidad.
La casa está muy bien.	⇒ *Estar* + bien y mal.

4 DIFERENCIA *SER EN* / *ESTAR EN*

La fiesta es en mi casa.	⇒ La fiesta tiene lugar en mi casa.
Mi casa está en el centro.	⇒ Mi casa se encuentra en el centro.

1. **Una diferencia entre *ser* y *estar* se da en adjetivos como *nervioso* o *simpático*. El hablante expresa una** característica permanente **con *ser*, y una** circunstancia momentánea **con *estar*.**

    Mi hermano es muy nervioso.
    Está muy nervioso porque tiene un examen esta tarde.

    Mi vecino es muy antipático.
    No sé por qué, pero hoy está muy antipático.

    Brad Pitt es muy guapo.
    ¡Qué guapo estás con la chaqueta!

    Los adjetivos que usan esta diferenciación son numerosos. Así: *alegre, triste, extrovertido, divertido, aburrido, tranquilo, optimista, agradable, serio, feo…*

2. **Hay otro tipo de adjetivos en los que el uso de *ser* o *estar* implica** dos significados totalmente diferentes. **El mismo adjetivo tiene un significado con *ser* y otro distinto con *estar*.**

    Antonio es muy listo. (= es muy inteligente)
    Todavía no estoy listo. (= todavía no estoy preparado)

    Alfredo es muy rico. (= tiene mucho dinero)
    La comida está rica. (= me gusta la comida)

    Ana es muy despierta. (= aprende rápidamente)
    Ya está despierto. (= ya no duerme)

    Mi coche es negro. (= es de color negro)
    Estoy negro por el robo. (= estoy muy enfadado)

    Sus ojos son verdes. (= son de color verde)
    Todavía estoy verde. (= tengo poca experiencia)

    Francisco es muy orgulloso. (= es arrogante, soberbio)
    Estoy orgulloso de mi hija. (= me siento satisfecho de mi hija)

    María es muy atenta con todos. (= es muy amable y agradable con todos)
    Luis nunca está atento en clase. (= nunca presta atención en clase)

Los gatos son animales muy limpios. (= son animales muy higiénicos)
No voy al viaje porque estoy limpio. (= tengo poco dinero)

Su niño es bastante bueno. (= tiene un comportamiento positivo)
Hacer ejercicio es bueno. (= tiene consecuencias positivas)
El vino italiano es bueno. (= es de buena calidad)
Eduardo ya está bueno. (= ya no está enfermo)
Este vino está muy bueno. (= me gusta su sabor)

3. **Los adverbios de cantidad aparecen siempre con el verbo ser.**

   Es mucho. Son veinte euros.
   La herida no es nada.
   Es demasiado trabajo para un día.

   ATENCIÓN: los adverbios *bien* y *mal* van siempre con *estar*.

   El libro está bien.
   La película está mal.
   Este bar está muy bien.
   La situación está mal.

4. **La última diferencia tiene relación con la preposición *en*. Esta preposición puede aparecer con los dos verbos.** Cuando va con *ser*, el sujeto expresa información de actividad social (*La fiesta es en mi casa* = La fiesta se hace en mi casa). Cuando va con *estar*, el sujeto expresa localización de la construcción (*Mi casa está en el centro* = Mi casa se encuentra en el centro).

   La comida es en el restaurante «Buen apetito».
   El restaurante «Buen apetito» está en la calle Sócrates.

   El concierto es en el auditorio «Manuel de Falla».
   El auditorio «Manuel de Falla» está en la avenida de Cádiz.

   El espectáculo flamenco es en el teatro «García Lorca».
   El teatro «García Lorca» está en la plaza Menorca.

B EJERCICIOS

a) Completa con los verbos *ser* o *estar*.

1. Me encanta Lisboa. _____ una ciudad muy bonita.
2. Me gusta mucho Isabel, porque _____ muy alegre.
3. La conferencia _____ en el aula magna.
4. Muchos deportistas _____ bastante supersticiosos.
5. ¡Qué extraño! ¿Por qué _____ hoy tan amable?
6. Te aconsejo este diccionario. _____ muy bien.
7. Voy mucho a Portugal. _____ un país muy interesante.
8. Pienso que una semana _____ poco tiempo para terminarlo todo.
9. No sé por qué, pero hoy _____ muy serio.
10. ¿Dónde _____ el Palacio de Deportes?
11. La boda _____ en la iglesia de Santa Ana.
12. El estanco ya _____ abierto.
13. Mis vecinos _____ muy ruidosos.
14. ¿Dónde _____ los próximos campeonatos?
15. La casa _____ muy bien, pero _____ demasiado cara.
16. El árabe _____ una lengua bastante difícil.
17. Hay sólo dos respuestas que _____ mal. Las demás _____ bien.
18. La biblioteca pública _____ en la plaza Italia.
19. El depósito de gasolina _____ casi vacío.
20. El festival de flamenco _____ en el teatro Príncipe.
21. Luis cree que los tiburones no _____ peligrosos.
22. No lo voy a comprar. Mil euros _____ mucho dinero.
23. La televisión dice que el día _____ soleado mañana.
24. Ten cuidado con Alfredo. Hoy _____ muy sensible.
25. Tiene algo que no me gusta. Nunca _____ puntual.
26. Las butacas de este cine _____ muy incómodas.
27. En mi opinión, Woody Allen _____ ingenioso y divertido.

28. Voy a limpiar el coche hoy, porque _____ muy sucio.
29. Me parece que Marisa no viene, porque _____ mal.
30. El partido de fútbol _____ en Barcelona.
31. Mañana todo _____ cerrado, porque _____ festivo.
32. El tranvía _____ el transporte más ecológico.
33. Mi hermana _____ muy contenta con su nuevo trabajo.
34. ¿Dónde _____ la celebración?
35. Alicia _____ muy tranquila. Nunca pierde la calma.
36. Pedro _____ un poco raro. Sus reacciones siempre _____ extrañas.
37. Sus padres _____ demasiado severos con él.
38. Los vuelos a Londres _____ más baratos este mes.
39. El curso de literatura _____ muy bien.
40. El ciclo sobre Buñuel _____ en la facultad de Ciencias.
41. Pienso que dos semanas _____ pocas vacaciones.
42. La relación entre ellos _____ mal en este momento.
43. Mario participa poco, porque _____ tímido.
44. _____ imposible entrar. La cafetería _____ llena.
45. No _____ bien hacer eso.
46. ¿Dónde _____ el hotel Victoria?
47. Manuel _____ elegantísimo con el traje.
48. Sus opiniones _____ bastante sarcásticas casi siempre.
49. El congreso sobre Neruda _____ en Málaga.
50. No puedo lavar hoy. La lavadora _____ rota.

b) **Adjetivos de doble significado. Completa con *ser* o *estar*.**

1. La sopa _____ muy rica.
2. _____ rico. Tiene casa en París y en Londres.
3. _____ orgulloso de los buenos resultados.
4. Ya _____ listo. Podemos irnos.
5. Todavía _____ verde para tener esta responsabilidad.

6. No _____ bueno para los niños ver tanta televisión.
7. _____ muy atento con todo el mundo. Se muestra siempre afable.
8. _____ listísimo. Nunca se equivoca con los problemas de física.
9. _____ demasiado orgulloso. Seguro que no se excusa.
10. Nunca _____ atento en las explicaciones.
11. _____ negro. La grúa se ha llevado mi coche otra vez.
12. La tarta _____ muy buena.
13. ¿Crees que _____ despierto a esta hora? Normalmente se acuesta muy temprano.
14. El cuadro _____ totalmente verde.
15. Todavía no _____ completamente bueno. Necesito más tiempo para mi recuperación total.
16. Lo compraré otro mes, porque ahora _____ limpio.
17. Pienso que el cine de Julio Médem _____ muy bueno.
18. Este cava _____ muy bueno.
19. La nueva ley _____ mejor que la anterior.
20. Laura _____ muy despierta. Lo comprende todo en seguida.

C QUÉ ME CUENTAS

- **Vocabulario relacionado con sujetos que informan de** actividades sociales (= *ser en*)

la boda

el concierto

el partido

la fiesta

la clase

el cumpleaños

la exposición

la manifestación

- **Vida social. Completa los siguientes diálogos con *ser* o con *estar*.**

    ### Diálogo uno (dos amigos)

    ▶ El sábado se casó Luis, ¿no?
    ▷ No. El sábado no. El domingo.
    ▶ ¿Dónde _____ la boda?
    ▷ La boda _____ en Santa Ana.
    ▶ ¿Y el banquete?
    ▷ El banquete _____ en el Hotel Zaida.
    ▶ ¿_____ bien?
    ▷ Sí. _____ muy bien. Lo pasamos genial.

    ### Diálogo dos (profesor-alumnos)

    ▶ Mañana la clase _____ en el salón de actos.
    ▷ ¿Toda la clase?
    ▶ No. Sólo la primera hora, porque vamos a ver unas diapositivas sobre Velázquez.
    ▷ ¿Y después?
    ▶ Después vamos a ir a una exposición sobre la influencia de Velázquez en la pintura española.
    ▷ ¿Dónde _____ la exposición?
    ▶ La exposición _____ en el Museo Contemporáneo.
    ▷ ¿Y cuándo _____ el examen de Historia del arte?
    ▶ _____ dentro de dos semanas.

    ### Diálogo tres (dos amigas)

    ▶ ¿Qué tal el fin de semana?
    ▷ Súper. El sábado _____ en un concierto de salsa fantástico.
    ▶ ¿Dónde _____ el concierto?
    ▷ En un sitio nuevo que se llama «La balsa».
    ▶ ¿_____ un bar?
    ▷ _____ un bar café.

- ¿Y dónde ▓▓▓▓▓▓▓▓▓?
- ▓▓▓▓▓▓▓▓▓ al final de la calle Elvira. ▓▓▓▓▓▓▓▓▓ muy cerca del hotel Triunfo.
- ¿▓▓▓▓▓▓▓▓▓ caro?
- Precios muy normales. Además, hacen unos cócteles que ▓▓▓▓▓▓▓▓▓ buenísimos.

UNIDAD 12

Por y para

A LA PIZARRA

1 Causa
Estoy triste **por** la noticia.
Ha protestado **por** el ruido.

2 Locativo
- «Dentro de»
  Me gusta pasear **por** el parque.
  Voy a viajar **por** Francia.

3 Temporal
- Frecuencia
  Estudio inglés dos veces **por** semana.
- Aproximación temporal
  Esto sucedió más o menos **por** los años cuarenta.
  Murió **por** los sesenta.

4 Medio
Te mando el libro **por** avión.
Te contesto **por** fax.

5 «A cambio de»
He cambiado el disco **por** otro.

1 Finalidad
Le llamaré **para** saber su opinión.
Venía **para** consultar una cuestión.

2 Locativo
- «En dirección a»
  Voy **para** el parque.
  Voy **para** la casa de Luisa.

3 Temporal
- Límite temporal
  Este ejercicio es **para** mañana.
- Construcción «va para»
  Va **para** dos meses que no lo veo. (hace casi dos meses que no lo veo)

4 Capacidad
Este autobús es **para** veinte.
El estadio es **para** cuarenta mil personas.

5 Opinión
Para mí, es un gran pintor.

B EJERCICIOS

a) Completa con las preposiciones *por* o *para*.

1. Gracias _____ todo.
2. Está preocupado _____ la operación.
3. Estoy contento _____ mi progreso.
4. Haremos una fiesta _____ celebrarlo.
5. La escuela es sólo _____ sesenta alumnos.
6. Lo llamaremos _____ teléfono mañana.
7. La redacción es _____ el próximo lunes.
8. Me gusta andar _____ las montañas.
9. Siempre se enfada _____ tonterías.
10. La paciencia es necesaria _____ aprender.
11. Bailo salsa tres veces _____ semana.
12. Voy a ir a Málaga _____ asistir al congreso sobre Picasso.
13. Han cambiado el horario _____ otro diferente.
14. Felipe se ha excusado _____ el incidente de ayer.
15. Llegamos tan tarde _____ el tráfico.
16. El ejercicio físico es bueno _____ la salud.
17. Esta organización se creó _____ defender los derechos de los niños.
18. Han expulsado a Rafael _____ la agresión al director.
19. Estos deberes son _____ el próximo viernes.
20. ¿Es obligatoria la corbata _____ pasar?
21. Este autobús no pasa _____ Reyes Católicos.
22. Aparcar _____ el centro es imposible.
23. Va _____ dos años que llueve muy poco.
24. _____ mí, son necesarias nuevas elecciones.
25. ¿_____ qué sirve esta máquina?
26. Está muy feliz _____ el ascenso.
27. ¿Hay alguna farmacia _____ aquí?

28. La nueva ley es mejor _____ proteger el medio ambiente.
29. El trabajo sobre Cervantes es _____ el próximo mes.
30. Teresa y Luis no quieren casarse _____ la iglesia.
31. Han abierto una discoteca _____ mil personas.
32. Necesito más tiempo _____ terminar todo.
33. Ese accidente fue _____ los ochenta.
34. Este producto es bueno _____ los nervios.
35. Los camioneros protestan _____ la subida de la gasolina.
36. Hoy hay una manifestación _____ pedir más dinero _____ la sanidad pública.
37. La carretera _____ la playa es muy mala.
38. Va _____ un año que no me escribe.
39. ¿_____ qué estabas tan furioso ayer?
40. _____ mí, ésta no es la solución adecuada.
41. _____ relajarse, nada mejor que un baño.
42. Lo sé _____ Emilio. Me lo contó ayer.
43. Se queja _____ todo. No importa el motivo.
44. Esta autopista va _____ Madrid.
45. El curso es _____ expertos en informática.
46. Esta sala es _____ cuarenta espectadores.
47. Está nervioso _____ la entrevista.
48. He pagado mucho _____ ese cuadro.
49. He reservado una mesa _____ diez.
50. Hemos quedado _____ salir esta noche.
51. ¿Qué vamos a preparar _____ la cena?
52. Está muy asustado _____ la tormenta.
53. ¿Qué le vamos a regalar _____ la boda?
54. He oído la noticia _____ la radio.
55. ¿Estáis preparados _____ empezar?
56. Estoy sorprendido _____ su reacción.
57. ¿Cuánto cobra _____ hora?
58. Voy _____ la Facultad.
59. Este avión es _____ trescientos pasajeros.
60. Hay una comida _____ todos mañana.

b) Di si los siguientes usos prepositivos son correctos o incorrectos.

1. Gracias por ayudarme.
2. ¿Hay algún estanco por aquí?
3. El laboratorio de idiomas es para quince estudiantes.
4. Este aparato es para medir la contaminación.
5. Voy para la biblioteca pública.
6. ¿Por qué no dices nada?
7. Cambiaré la camisa por otra.
8. Esta habitación es por jugar los niños.
9. Te aconsejo la película especialmente para la música.
10. Me gusta caminar por los barrios antiguos.
11. Alquilaré un coche por ir a Cabo de Gata.
12. Va para tres semanas que no viene.
13. Juego al tenis una vez por semana.
14. Para mí, su teatro es mejor que su poesía.
15. Te doy mil euros para tu motocicleta.
16. Me he caído por las escaleras.
17. Todavía es pronto para opinar.
18. Tengo una sorpresa para el final.
19. Se pelean por todo.
20. Enhorabuena por la niña.

C QUÉ ME CUENTAS

- **Verbos reflexivos** que se utilizan **con** la preposición *por*.

disculparse

enfadarse

quejarse

asustarse

casarse

preocuparse

pelearse

caerse

reírse

sorprenderse

• **Cosas de niños. Completa el texto con *por* o con *para*.**

Aunque Luis y Miguel son hermanos, se pelean a menudo. Se pelean _____ cualquier cosa. Ayer _____ la pelota, hoy _____ las canicas, mañana _____ la bicicleta. El motivo es lo menos importante.
Pero es cierto que también se quieren mucho. El otro día Luis se cayó _____ las escaleras del colegio. Miguel se asustó mucho _____ el golpe. Fue corriendo _____ interesarse _____ su hermano. Por suerte no pasó nada. Sólo una pequeña herida en el brazo.
Cuando Miguel vio que no era nada, empezó a reñir con otro niño. Estaba muy enfadado con él _____ reírse de su hermano.
Un profesor los separó _____ evitar más problemas.
Los padres no se sorprendieron nada _____ la historia. _____ ellos, son cosas de niños.
_____ la tarde dieron un pequeño paseo _____ el parque con Luis y Miguel. Tomaron un helado y hablaron del incidente del colegio.

UNIDAD 13

Perífrasis verbales I

A LA PIZARRA

---

1   ***Empezar a*** + **infinitivo** = Principio de acción.

2   ***Dejar de*** + **infinitivo** = Final de acción.

3   ***Volver a*** + **infinitivo** = Acción repetida.

4   ***Tener que*** + **infinitivo** = Obligación; consejo; hipótesis.
     Deber + **infinitivo** = Obligación; consejo.

---

1. *Empezar a* + infinitivo. Esta perífrasis indica el principio de una acción.

    > Ha empezado a llover.
    > Empezaré a trabajar en la universidad la próxima semana.
    > Mi hermana empezó a estudiar chino el año pasado.

2. *Dejar de* + infinitivo. Esta perífrasis expresa el final de una acción. Es la perífrasis contraria de *empezar a* + infinitivo.

Ha dejado de llover.
Dejaré de trabajar en la universidad la próxima semana.
Mi hermana dejó de estudiar chino el año pasado.

3. **Volver a** + **infinitivo**. Esta perífrasis comunica la repetición de una acción. Los elementos *otro(a)* aparecen muchas veces con ella para enfatizar el contenido repetitivo.

    El niño ha vuelto a romper el espejo otra vez.
    Volveré a llamar otra vez después.
    Ayer Alicia volvió a faltar.

4. **Tener que** + **infinitivo**. Esta perífrasis expresa la obligación de una acción.

    Tengo que ir al banco mañana.
    Tenemos que comprar pan.

Su uso con sentido de obligación no es el único. Se usa también para dar consejos:

Tienes que ver esta película. Es muy buena.
Tenéis que ir a ese restaurante. Es fantástico.

Además, tiene una función de hipótesis para dar posibles explicaciones a situaciones o a hechos no sabidos o no comprendidos.

   ▶ Ana, ¿qué hora es?
   ▷ No tengo reloj, pero tienen que ser las tres, más o menos.

Deber + **infinitivo**. Esta perífrasis tiene dos funciones. Sirve para expresar obligaciones y consejos.

Debéis entregarlo mañana.
Debo consultarlo con mi familia.
Debe usted operarse.

B EJERCICIOS

a) Completa con alguna de las perífrasis estudiadas.

1. _____ (tener) *más paciencia.*
2. _____ (gritar) *cuando vio el ratón.*
3. *Mi padre* _____ (fumar) *por motivos de salud.*
4. *La televisión* _____ (averiarse) *otra vez.*
5. *¡Emilio!* _____ (hacer) *los deberes ya.*
6. *¡Marta!* _____ (tocar) *ahí.*
7. *Luis* _____ (mentir) *otra vez.*
8. *Anoche* _____ (leer) *un libro muy interesante.*
9. *Si no* _____ (llover), *no habrá partido.*
10. *Mi médico dice que* _____ (tomar) *una pastilla por día.*
11. *Aunque es festivo,* _____ (trabajar) *mañana.*
12. *María y José* _____ (salir), *porque la relación iba mal.*
13. *Las temperaturas* _____ (subir) *poco a poco.*
14. *No puedo salir.* _____ (estudiar) *mucho.*
15. *Por favor, ¿puedes* _____ (explicar) *la receta del gazpacho?*
16. *Os aconsejo esta música. La* _____ (escuchar).
17. *La empresa, poquito a poquito,* _____ (ir) *bien.*
18. *¡Seis mil euros de agua en un mes!* _____ (ser) *un error.*
19. *Mi abogado me ha dicho que* _____ (demandar) *al ayuntamiento.*
20. *Si no toma medidas,* _____ (suceder) *otra vez.*
21. *Hoy no ha venido.* _____ (estar) *enfermo.*
22. *Si quieres progresar,* _____ (practicar) *más.*
23. *La gasolina* _____ (subir) *mañana por tercera vez en un mes.*
24. *¡Marisa!* _____ (ver) *la televisión y come.*
25. *El tiempo* _____ (mejorar) *el próximo lunes.*
26. *Mi opinión es que* _____ (pedir) *excusas.*

27. Lo expulsarán, si no _____ (tener) esa actitud.
28. Hoy está muy callado. Le _____ (pasar) algo.
29. Mi consejo es que le _____ (contar) la verdad.
30. Si no está en la casa, _____ (estar) en el trabajo.
31. Normalmente la gente _____ (llegar) a las cinco.
32. Me gustaría _____ (ver) a Isabel antes de marcharme.
33. Si no _____ (beber), muy pronto estarás piripi.
34. La policía _____ (investigar) el robo.
35. _____ (probar) ese vino. Dicen que está buenísimo.
36. Sting _____ (grabar) otro disco el próximo año.
37. José _____ (venir), porque no tiene tiempo.
38. Tarantino _____ (rodar) su nueva película en New York.
39. El gobierno _____ (cerrar) las centrales nucleares.
40. Si te _____ (molestar) otra vez, dímelo.
41. ¡Mario! _____ (saltar) sobre la cama.
42. Nunca más _____ (entrar) en esa cafetería.
43. No tengo ganas, pero _____ (ir).
44. El conflicto con los pilotos _____ (solucionarse).
45. Mi recomendación es que _____ (hablar) con Miguel.
46. El próximo año _____ (solicitar) la misma beca.
47. Mucha gente _____ (comer) carne por miedo.
48. La obra _____ (ser) muy buena. Todos hablan maravillas de ella.
49. Lo _____ (meditar) bien antes de tomar una decisión.
50. _____ (comprender) poco a poco el acento del sur.

b) Utiliza *tener que* + infinitivo o *deber* + infinitivo **para dar consejos en las siguientes situaciones.**

1. Estoy estudiando Derecho, pero no me gusta nada.
2. Me he encontrado una cartera con mucho dinero en la calle.
3. Mis vecinos hacen muchísimo ruido por las noches.
4. Mi relación sentimental no va bien.
5. Mi coche se avería con mucha frecuencia.

6. Últimamente me siento muy cansado.
7. Hay una chica en la oficina que me gusta mucho.
8. Me han hecho una oferta de trabajo buena, pero fuera de mi país.

C QUÉ ME CUENTAS

- **Expresiones** relacionadas con contextos comunicativos de socialización linguística

- ¿Qué dirías en las siguientes situaciones?

   1. *Un amigo hace una entrevista de trabajo esta tarde.*
   2. *Una amiga hace el examen de conducir mañana.*
   3. *Una amiga ha aprobado el examen de conducir.*
   4. *Tus padres se van de vacaciones.*
   5. *Tu vecino se ha roto una pierna.*
   6. *Un compañero de clase cumple años.*
   7. *Tu profesor te desea un buen fin de semana.*
   8. *Tu vecino te da las gracias por recoger a su hijo.*
   9. *Alguien en el autobús se disculpa por tropezar contigo.*
   10. *Tu mejor amiga acaba de casarse.*

UNIDAD 14

Perífrasis verbales II

A LA PIZARRA

1	***Deber de*** + infinitivo	= Hipótesis.
2	***Venir a*** + infinitivo	= Aproximación.
3	***Hartarse de*** + infinitivo	= Cantidad exagerada.
4	***Estar*** + gerundio	= Acción durativa.
	Llevar + gerundio	= Duración cuantificada.

1. ***Deber de*** + infinitivo. Esta perífrasis se utiliza para formular hipótesis. La intención del hablante es dar respuesta a una situación no comprendida.

   ▶ *Hay mucha policía en la plaza.*
   ▷ *Debe de haber un accidente.*

   ▶ *El bebé de los vecinos llora mucho.*
   ▷ *Deben de ser los dientes.*

2. *Venir a* + infinitivo. La finalidad de esta perífrasis es expresar aproximación respecto a una cantidad. Su equivalente en significado es el adverbio *aproximadamente*.

Vengo a ganar unos mil euros.	=	Gano aproximadamente mil euros.
Viene a valer cien mil dólares.	=	Vale más o menos cien mil dólares.

3. *Hartarse de* + infinitivo. Esta perífrasis indica que una acción se realiza en una cantidad grande. Por esto, es equivalente en significado al adverbio *mucho*.

Anoche me harté de bailar.	=	Anoche bailé mucho.
Hoy me he hartado de comer.	=	Hoy he comido mucho.
Ayer nos hartamos de andar.	=	Ayer anduvimos mucho.

4. *Estar* + gerundio. Informa de la duración de una acción.

En este momento está duchándose.
No está en casa. Está jugando al fútbol.

Llevar + gerundio. La información de esta perífrasis es doble: da información sobre la duración de una acción, y sobre la cantidad de tiempo transcurrido. Sólo puede usarse en presente o en imperfecto.

Llevo estudiando inglés dos años.	=	Hace dos años que estudio inglés.
Llevo viviendo aquí cuatro meses.	=	Hace cuatro meses que vivo aquí.

B) EJERCICIOS

a) Completa con alguna de las perífrasis estudiadas en esta unidad.

1. El ordenador _____ (costar) *unos mil euros.*
2. La nieve _____ (provocar) *muchos accidentes.*
3. Ana y Luis _____ (salir) *juntos dos años.*
4. Esta noche _____ (dormir). *¡Once horas!*
5. Antonio _____ (aprender) *muy rápidamente.*
6. Manuel _____ (tener) *unos cuarenta años.*
7. Hoy _____ (hacer) *un día estupendo.*
8. Ayer _____ (nadar). *¡Tres horas!*
9. El niño _____ (ver) *la televisión dos horas.*
10. _____ (tardar) *unos veinte minutos a pie.*
11. _____ (ser) *ya las dos.*
12. _____ (hablar) *por teléfono una hora.*
13. _____ (sentirse) *muy feliz por la noticia. ¿Verdad?*
14. Mario _____ (llorar) *cuando recibió el suspenso.*
15. Creo que Ana _____ (pasar) *unos días en Mallorca.*
16. ¿Cuánto tiempo _____ (tocar) *tú la guitarra?*
17. Es muy divertida. _____ (reír) *con sus historias.*
18. Aquí no hay ningún Javi. _____ (confundirse) *usted.*
19. Las pérdidas de este año _____ (ser) *de unos cien mil euros.*
20. Los científicos _____ (probar) *una nueva vacuna.*
21. El otro día _____ (buscar) *la llave, pero no la encontré.*
22. La niña _____ (crecer) *mucho en poco tiempo.*
23. El paro _____ (ser) *del diez por ciento.*
24. Isabel _____ (estudiar) *mucho. Siempre tiene notas muy buenas.*
25. María _____ (ser) *directora dos años.*
26. Lo _____ (pasar) *muy bien esta noche.*
27. _____ (visitar) *Andalucía muchos años.*

28. _____ (haber) *una confusión. Yo no he pedido esto.*
29. _____ (llover) *mucho este año.*
30. _____ (pensar) *en esa posibilidad mucho tiempo.*
31. *Luis* _____ (estar) *ya en New York.*
32. *La subida* _____ (ser) *del diez por ciento.*
33. *El otro día* _____ (correr). *Me hice treinta kilómetros.*
34. *¿Cuánto tiempo* _____ (enseñar) *en esta escuela?*
35. *La ascensión* _____ (durar) *unas cuatro horas.*
36. *Mi hermano* _____ (quedarse) *calvo.*
37. *Si mi hijo* _____ (comer) *golosinas, después no quiere la comida.*
38. _____ (ser) *los padres de Luisa.*
39. _____ (nevar) *dos días seguidos.*
40. *Juan* _____ (ganar) *dinero este año.*
41. *Lo* _____ (saber) *ya a esta hora.*
42. *Ayer* _____ (esquiar) *yo en Sierra Nevada.*
43. _____ (ahorrar) *un diez por ciento con la nueva compañía.*
44. _____ (conducir) *cuatro horas.*
45. _____ (haber) *un problema de saturación de la red.*
46. *¿*_____ (leer) *ahora algo interesante?*
47. *Anoche* _____ (beber) *en el cumpleaños de Alicia.*
48. *Manuel* _____ (pasar) *por un mal momento.*
49. *La casa* _____ (tener) *unos doscientos metros.*
50. *¿Cuánto tiempo* _____ (faltar) *Luisa?*

b) **Utiliza la perífrasis** *deber de* + infinitivo **para intentar explicar las siguientes situaciones.**

1. *Una persona corre detrás de otra por la calle.*
2. *Llevas esperando a un amigo treinta minutos.*
3. *Son las once pero el banco está cerrado.*
4. *La policía no permite pasar por el centro con el coche.*
5. *Una persona entra en la oficina con un gran ramo de flores.*

6. Tu cuenta bancaria tiene cinco mil euros más que la semana pasada.
7. Una persona te pide un autógrafo por la calle.
8. Hay una sentada delante de la universidad.

C QUÉ ME CUENTAS

- **Vocabulario relacionado con** lenguaje de jóvenes.

papear

currar

hincar los codos

planchar la oreja

ir de marcha

colocarse

mover el esqueleto

amuermarse

empinar el codo

- **Haz los cambios necesarios para transformar el siguiente diálogo en una conversación coloquial de jóvenes.**

    ▶ ¡Hola, José! ¿Qué tal?
    ▷ Muy bien. ¿Y tú?
    ▶ No estamos mal. ¿Cómo te va el trabajo?
    ▷ Ya sabes que dejé el anterior, ¿no?
    ▶ No, no lo sabía.
    ▷ Sí. Me fui el mes pasado.
    ▶ No, no sabía nada.
    ▷ El salario era muy malo, y además eran muchas horas.
    ▶ Entonces has hecho bien.
    ▷ Bueno. ¿Tú sigues en la Facultad?
    ▶ Termino este año. Por eso, ahora mismo estoy estudiando muchísimo. Llevo sin salir dos meses.
    ▷ Pues yo anoche regresé a mi casa a las seis. Estuve en la despedida de soltero de un amigo.
    ▶ ¿Te emborrachaste?
    ▷ No me emborraché, pero bebí bastante. Me acabo de levantar. He estado toda la mañana durmiendo.
    ▶ Un día podríamos comer o tomar algo juntos.
    ▷ Vale. ¿Nos llamamos para quedar?
    ▶ Muy bien. Hasta luego. Un saludo para tus padres.
    ▷ Igualmente.

APÉNDICE DE FORMACIÓN VERBAL

PRESENTE

	-ar	-er	-ir
	Hablar	**Comer**	**Vivir**
(Yo)	*hablo*	*como*	*vivo*
(Tú)	*hablas*	*comes*	*vives*
(Él)	*habla*	*come*	*vive*
(Nosotros)	*hablamos*	*comemos*	*vivimos*
(Vosotros)	*habláis*	*coméis*	*vivís*
(Ellos)	*hablan*	*comen*	*viven*

Presentes irregulares

A. **Presentes con transformaciones vocálicas en la raíz.** Estas transformaciones son de tres tipos: *e* diptonga en *ie* (*pensar = pienso*); *o* diptonga en *ue* (*poder = puedo*); *e* se transforma en *i* (*pedir = pido*). Las personas *nosotros* y *vosotros* no tienen modificaciones vocálicas. Las terminaciones son las mismas que las de los presentes regulares.

e = ie (*pensar = pienso; querer = quiero; sentir = siento; cerrar = cierro; fregar = friego; negar = niego; herir = hiero; perder = pierdo; empezar = empiezo; encender = enciendo; calentar = caliento...*)

o = ue (*poder = puedo; dormir = duermo; probar = pruebo; morir = muero; soñar = sueño; volver = vuelvo; acostarse = me acuesto...*)

e = i (*pedir = pido; servir = sirvo; elegir = elijo; medir = mido; reír = río; corregir = corrijo; impedir = impido...*)

	Querer	**Poder**	**Pedir**
(Yo)	quiero	puedo	pido
(Tú)	quieres	puedes	pides
(Él)	quiere	puede	pide
(Nosotros)	queremos	podemos	pedimos
(Vosotros)	queréis	podéis	pedís
(Ellos)	quieren	pueden	piden

B. Presentes con solamente la primera persona singular irregular.

Hacer	=	*hago, haces, hace, hacemos, hacéis, hacen.*
Estar	=	*estoy, estás, está, estamos, estáis, están.*
Saber	=	*sé, sabes, sabe, sabemos, sabéis, saben.*
Salir	=	*salgo, sales, sale, salimos, salís, salen.*
Dar	=	*doy, das, da, damos, dais, dan.*
Poner	=	*pongo, pones, pone, ponemos, ponéis, ponen.*
Traer	=	*traigo, traes, trae, traemos, traéis, traen.*
Conducir	=	*conduzco, conduces, conduce, conducimos, conducís, conducen.*

C. Presentes totalmente irregulares.

Ser	=	*soy, eres, es, somos, sois, son.*
Ir	=	*voy, vas, va, vamos, vais, van.*

D. Presentes con la primera persona irregular y diptongación en el resto, excepto en *nosotros* y *vosotros*.

Tener	=	*tengo, tienes, tiene, tenemos, tenéis, tienen.*
Venir	=	*vengo, vienes, viene, venimos, venís, vienen.*

E. Casos especiales.

Oír	=	*oigo, oyes, oye, oímos, oís, oyen.*
Jugar	=	*juego, juegas, juega, jugamos, jugáis, juegan.*
Decir	=	*digo, dices, dice, decimos, decís, dicen.*

PRESENTE CONTINUO

(Yo)   *estoy*
(Tú)   *estás*
(Él)   *está*
(Nosotros)   *estamos* + gerundio
(Vosotros)   *estáis*   -ar   -er   -ir
(Ellos)   *están*   *-ando* *-iendo* *-iendo*

Ejemplos de gerundios regulares.

Hablar	=	hablando	Comprar	=	comprando
Comer	=	comiendo	Vender	=	vendiendo
Vivir	=	viviendo	Salir	=	saliendo

Gerundios irregulares.

Pedir	=	pidiendo	Elegir	=	eligiendo
Mentir	=	mintiendo	Reír	=	riyendo
Decir	=	diciendo	Morir	=	muriendo
Servir	=	sirviendo	Dormir	=	durmiendo

IMPERATIVO AFIRMATIVO

	-ar	-er	-ir
	Hablar	**Comer**	**Vivir**
(Tú)	*habl*a	*com*e	*viv*e
(Vosotros)	*habl*ad	*com*ed	*viv*id
(Usted)	*habl*e	*com*a	*viv*a
(Ustedes)	*habl*en	*com*an	*viv*an

Imperativos irregulares

A. Los verbos con diptongación en el presente tienen también diptongación en el imperativo. **Estos verbos usan en el imperativo las terminaciones regulares.**

	Pensar	**Volver**	**Pedir**
(Tú)	*piensa*	*vuelve*	*pide*
(Vosotros)	*pensad*	*volved*	*pedid*
(Usted)	*piense*	*vuelva*	*pida*
(Ustedes)	*piensen*	*vuelvan*	*pidan*

B. **Hay otros verbos con un imperativo totalmente irregular.** La persona *vosotros* es siempre regular.

	Ir	**Venir**	**Tener**	**Salir**
(Tú)	*ve*	*ven*	*ten*	*sal*
(Vosotros)	*id*	*venid*	*tened*	*salid*
(Usted)	*vaya*	*venga*	*tenga*	*salga*
(Ustedes)	*vayan*	*vengan*	*tengan*	*salgan*

	Poner	**Hacer**	**Oír**	**Decir**
(Tú)	*pon*	*haz*	*oye*	*di*
(Vosotros)	*poned*	*haced*	*oíd*	*decid*
(Usted)	*ponga*	*haga*	*oiga*	*diga*
(Ustedes)	*pongan*	*hagan*	*oigan*	*digan*

C. **Casos especiales.** Los verbos *ser* y *traer* tienen dos personas regulares (*tú*, *vosotros*), y dos personas irregulares (*usted*, *ustedes*).

	Ser	**Traer**
(Tú)	*sé*	*trae*
(Vosotros)	*sed*	*traed*
(Usted)	*sea*	*traiga*
(Ustedes)	*sean*	*traigan*

FUTURO DE PERÍFRASIS

(Yo)	voy
(Tú)	vas
(Él)	va
(Nosotros)	vamos + a + infinitivo
(Vosotros)	vais
(Ellos)	van

FUTURO DE TERMINACIÓN

	-ar	-er	-ir
	Hablar	**Comer**	**Vivir**
(Yo)	hablaré	comeré	viviré
(Tú)	hablarás	comerás	vivirás
(Él)	hablará	comerá	vivirá
(Nosotros)	hablaremos	comeremos	viviremos
(Vosotros)	hablaréis	comeréis	viviréis
(Ellos)	hablarán	comerán	vivirán

Futuros irregulares

- Los futuros irregulares no utilizan el infinitivo para su formación. Usan una raíz irregular.
- Las terminaciones de los futuros irregulares son las mismas que las de los futuros regulares.

Hacer	=	haré, harás, hará, haremos, haréis, harán.
Tener	=	tendré, tendrás, tendrá, tendremos, tendréis, tendrán.
Poder	=	podré, podrás, podrá, podremos, podréis, podrán.
Venir	=	vendré, vendrás, vendrá, vendremos, vendréis, vendrán.
Salir	=	saldré, saldrás, saldrá, saldremos, saldréis, saldrán.
Decir	=	diré, dirás, dirá, diremos, diréis, dirán.
Querer	=	querré, querrás, querrá, querremos, querréis, querrán.
Poner	=	pondré, pondrás, pondrá, pondremos, pondréis, pondrán.
Haber	=	habré, habrás, habrá, habremos, habréis, habrán.

PRETÉRITO PERFECTO

(Yo)	he			
(Tú)	has			
(Él)	ha			
(Nosotros)	hemos	+ participio pasado		
(Vosotros)	habéis	-ar	-er	-ir
(Ellos)	han	-ado	-ido	-ido

Ejemplos de participios regulares

Hablar	=	hablado	Comprar	=	comprado
Comer	=	comido	Vender	=	vendido
Vivir	=	vivido	Pedir	=	pedido
Estar	=	estado	Conducir	=	conducido
Tener	=	tenido	Protestar	=	protestado
Ir	=	ido	Llamar	=	llamado
Salir	=	salido	Perder	=	perdido
Visitar	=	visitado	Poder	=	podido

Participios irregulares

Hacer	=	hecho	Decir	=	dicho
Ver	=	visto	Poner	=	puesto
Escribir	=	escrito	Morir	=	muerto
Volver	=	vuelto	Cubrir	=	cubierto
Romper	=	roto	Descubrir	=	descubierto
Abrir	=	abierto	Proponer	=	propuesto

PRETÉRITO INDEFINIDO

	-ar	-er	-ir
	Hablar	**Comer**	**Vivir**
(Yo)	hablé	comí	viví
(Tú)	hablaste	comiste	viviste
(Él)	habló	comió	vivió
(Nosotros)	hablamos	comimos	vivimos
(Vosotros)	hablasteis	comisteis	vivisteis
(Ellos)	hablaron	comieron	vivieron

Indefinidos irregulares

- La formación de los indefinidos irregulares se hace a partir de la primera persona.
- La primera persona no tiene regla. Es necesaria la memoria.
- Los tres tipos de verbos (**-ar**, **-er**, **-ir**) utilizan las mismas terminaciones.

	-ar	-er	-ir
	Estar	**Tener**	**Venir**
(Yo)	estuve	tuve	vine
(Tú)	estuviste	tuviste	viniste
(Él)	estuvo	tuvo	vino
(Nosotros)	estuvimos	tuvimos	vinimos
(Vosotros)	estuvisteis	tuvisteis	vinisteis
(Ellos)	estuvieron	tuvieron	vinieron

Otros indefinidos irregulares:

Poder	=	pude, pudiste, pudo, pudimos, pudisteis, pudieron.
Saber	=	supe, supiste, supo, supimos, supisteis, supieron.
Querer	=	quise, quisiste, quiso, quisimos, quisisteis, quisieron.
Poner	=	puse, pusiste, puso, pusimos, pusisteis, pusieron.
Andar	=	anduve, anduviste, anduvo, anduvimos, anduvisteis, anduvieron.
Hacer	=	hice, hiciste, hizo, hicimos, hicisteis, hicieron.
Dar	=	di, diste, dio, dimos, disteis, dieron.
Traer	=	traje, trajiste, trajo, trajimos, trajisteis, trajeron.
Conducir	=	conduje, condujiste, condujo, condujimos, condujisteis, condujeron.
Ir	=	fui, fuiste, fue, fuimos, fuisteis, fueron.
Ser	=	fui, fuiste, fue, fuimos, fuisteis, fueron.

PRETÉRITO IMPERFECTO

	-ar	-er	-ir
	Hablar	**Comer**	**Vivir**
(Yo)	hablaba	comía	vivía
(Tú)	hablabas	comías	vivías
(Él)	hablaba	comía	vivía
(Nosotros)	hablábamos	comíamos	vivíamos
(Vosotros)	hablabais	comíais	vivíais
(Ellos)	hablaban	comían	vivían

Imperfectos irregulares

Ser	Ir	Ver
era	iba	veía
eras	ibas	veías
era	iba	veía
éramos	íbamos	veíamos
erais	ibais	veíais
eran	iban	veían

CONDICIONAL

	-ar	-er	-ir
	Hablar	**Comer**	**Vivir**
(Yo)	hablar*ía*	comer*ía*	vivir*ía*
(Tú)	hablar*ías*	comer*ías*	vivir*ías*
(Él)	hablar*ía*	comer*ía*	vivir*ía*
(Nosotros)	hablar*íamos*	comer*íamos*	vivir*íamos*
(Vosotros)	hablar*íais*	comer*íais*	vivir*íais*
(Ellos)	hablar*ían*	comer*ían*	vivir*ían*

Condicionales irregulares

- Los verbos irregulares en el futuro son también irregulares en el condicional. Tienen las mismas raíces irregulares.
- Los condicionales irregulares usan las mismas terminaciones que los regulares.

Hacer	=	haría, harías, haría, haríamos, haríais, harían.
Tener	=	tendría, tendrías, tendría, tendríamos, tendríais, tendrían.
Poder	=	podría, podrías, podría, podríamos, podríais, podrían.
Venir	=	vendría, vendrías, vendría, vendríamos, vendríais, vendrían.
Salir	=	saldría, saldrías, saldría, saldríamos, saldríais, saldrían.
Decir	=	diría, dirías, diría, diríamos, diríais, dirían.
Querer	=	querría, querrías, querría, querríamos, querríais, querrían.
Poner	=	pondría, pondrías, pondría, pondríamos, pondríais, pondrían.
Haber	=	habría, habrías, habría, habríamos, habríais, habrían.

CLAVE DE LOS EJERCICIOS

UNIDAD 1

B. EJERCICIOS

a) *debo; Me llamo; Soy; Tengo; Soy; preparo; trabajo; Enseño; doy; hablo; aprendo; Toco; juego; Me pongo; envío.*

b) *te llamas; Me llamo; eres; Soy; está; Está; Es; es; Está ; está - está; trabajas; Trabajo; tienes; Tengo; tienes; soy; tienes; tengo; escribes; llamo; ves; veo; hablas; hablo; vives; Vivo; conoces; conozco; piensas; Creo - es.*

c) *son; tienen; empieza; termina; Tenemos; continuamos; se hace; contiene; duran; Son; tenéis; organiza; muestra; explica.*

d) *Me levanto; Me ducho; desayuno; Cojo; Llego; Trabajo; Vuelvo; Almuerzo; Voy; comienzo; salgo; regreso; Tomo; ceno; leo; estoy; me acuesto.*

e) *quedo; Quedamos; Vamos; Tomamos; tengo; aprovecho; Hago; está; Preparo; Almuerzo; friego; echo; me controlo; voy; asisto; visito; paseo; monto; me quedo; Escucho; veo.*

f) **1.** *esquiando;* **2.** *haciendo;* **3.** *paseando;* **4.** *solucionando;* **5.** *duchándose;* **6.** *visitando;* **7.** *tomando o tomándose;* **8.** *comprando o comprándose;* **9.** *sacando;* **10.** *viendo.*

g) **1.** *está mejorando;* **2.** *está quedándose;* **3.** *está buscando;* **4.** *estás leyendo;* **5.** *estoy aprendiendo;* **6.** *está cambiando;* **7.** *estoy divirtiéndome;* **8.** *está solucionándose;* **9.** *estás llorando;* **10.** *Estoy convenciendo;* **11.** *está lloviendo;* **12.** *Estoy esperando;* **13.** *está creciendo;* **14.** *estamos bebiendo;* **15.** *está saliendo;* **16.** *estás haciendo;* **17.** *está investigando;* **18.** *está terminando;* **19.** *están agotándose;* **20.** *Me estoy preocupando.*

C. QUÉ ME CUENTAS

La cuchara y el cuchillo. Ambos son para comer; La servilleta y el pañuelo. Ambos sirven para limpiarse; El espejo y el armario. Muchos armarios tienen normalmente un espejo en su interior; El espejo y el jabón. Las dos son cosas típicas del cuarto de baño; La lavadora y el frigorífico. Las dos funcionan con electricidad; El paraguas y la llave. Una de mis especialidades es olvidar paraguas y llaves; El despertador y el reloj. No los necesito durante mis vacaciones.

UNIDAD 2

B. EJERCICIOS

a) **1.** *mía;* **2.** *mía;* **3.** *mío;* **4.** *mías;* **5.** *mía;* **6.** *mías;* **7.** *míos;* **8.** *mío;* **9.** *míos;* **10.** *mío;* **11.** *tuyo;* **12.** *tuya;* **13.** *suyos;* **14.** *suyas;* **15.** *suyo;* **16.** *nuestra;* **17.** *nuestra;* **18.** *nuestras;* **19.** *vuestras;* **20.** *vuestra;* **21.** *suyo;* **22.** *mío;* **23.** *suyo;* **24.** *míos;* **25.** *suya.*

141

b) **1.** *le;* **2.** *les;* **3.** *me;* **4.** *te;* **5.** *os;* **6.** *nos;* **7.** *le;* **8.** *me;* **9.** *te;* **10.** *os;* **11.** *le;* **12.** *me;* **13.** *te;* **14.** *nos;* **15.** *te;* **16.** *le;* **17.** *me;* **18.** *os;* **19.** *le;* **20.** *me.*

c) **1.** *me;* **2.** *le;* **3.** *me;* **4.** *te;* **5.** *nos;* **6.** *me;* **7.** *le;* **8.** *les;* **9.** *os;* **10.** *me;* **11.** *te;* **12.** *me;* **13.** *le;* **14.** *nos;* **15.** *te;* **16.** *me;* **17.** *os;* **18.** *le;* **19.** *nos;* **20.** *les;* **21.** *me;* **22.** *nos;* **23.** *os;* **24.** *te;* **25.** *me;* **26.** *nos;* **27.** *te;* **28.** *le;* **29.** *les;* **30.** *me.*

C. QUÉ ME CUENTAS

le; se; los; Me; Me; Me; me; te; me - los; me; Me - los.

UNIDAD 3

B. EJERCICIOS

a) **1.** *hay;* **2.** *está;* **3.** *están;* **4.** *Hay;* **5.** *Hay;* **6.** *Está;* **7.** *está;* **8.** *hay;* **9.** *está;* **10.** *hay;* **11.** *hay;* **12.** *está;* **13.** *está;* **14.** *Hay;* **15.** *Hay;* **16.** *está;* **17.** *está;* **18.** *están.*

b) **1.** *hay;* **2.** *está;* **3.** *Hay;* **4.** *Hay;* **5.** *hay;* **6.** *está;* **7.** *está;* **8.** *hay;* **9.** *está;* **10.** *está;* **11.** *hay;* **12.** *Hay;* **13.** *hay;* **14.** *están;* **15.** *Hay;* **16.** *hay;* **17.** *están;* **18.** *están.*

c) **1.** *Hay;* **2.** *Hay;* **3.** *está;* **4.** *está;* **5.** *está;* **6.** *Hay;* **7.** *está;* **8.** *hay;* **9.** *está;* **10.** *Hay;* **11.** *hay;* **12.** *está;* **13.** *están;* **14.** *hay;* **15.** *hay;* **16.** *está;* **17.** *está;* **18.** *hay.*

d) **1.** *correcta;* **2.** *correcta;* **3.** *correcta;* **4.** *incorrecta (Hay);* **5.** *incorrecta (Hay);* **6.** *correcta;* **7.** *correcta;* **8.** *correcta;* **9.** *correcta;* **10.** *correcta;* **11.** *correcta;* **12.** *correcta;* **13.** *correcta;* **14.** *correcta;* **15.** *incorrecta (Hay);* **16.** *correcta;* **17.** *incorrecta (otra);* **18.** *incorrecta (otras dos).*

e) *Hay; hay; hay; están; está; está; hay; está; están; Hay; hay; está; hay; hay; está.*

C. QUÉ ME CUENTAS

Está; hay; hay; hay; está(n); hay; hay; hay; están; hay; Hay; hay; hay; hay; está; hay.

UNIDAD 4

B. EJERCICIOS

a) **1.** *bájala;* **2.** *utilízalo;* **3.** *tómalo;* **4.** *ciérrala;* **5.** *sácala;* **6.** *enciéndela;* **7.** *comunícala;* **8.** *cógelo;* **9.** *ábrelo;* **10.** *invítalo;* **11.** *llámala;* **12.** *ponla;* **13.** *píntalas;* **14.** *prepárala;*

15. *apágalo*; 16. *léelo*; 17. *hazla*; 18. *córtala*; 19. *pídelo*; 20. *dala*; 21. *escríbelo*; 22. *llévalo*; 23. *bórrala*; 24. *consúltala*; 25. *organízala*.

b) 1. *Pórtate*; 2. *Obedece*; 3. *Come*; 4. *Bébete*; 5. *Lávate*; 6. *Haz*; 7. *Ve*; 8. *Sube*; 9. *Acuéstate*.

c) 1. *Tenga*; 2. *Relativice*; 3. *Deje*; 4. *Disfrute*; 5. *Haga*; 6. *Coma*; 7. *Lleve*; 8. *Descanse*; 9. *Rompa*; 10. *Saque*.

d) 1. *Conduzca*; 2. *Venga*; 3. *Viaje*; 4. *Consuma*; 5. *Hable*; 6. *Regale*; 7. *Lea*; 8. *Celebre*; 9. *Pruebe*; 10. *Pregunte*.

e) *Siga; Gire; Cruce; Tome; continúe.*

f) *Utilice; Añada; Mueva; pruebe; Apague; Escurra.*

g) 1. *Di*; 2. *Escriba*; 3. *Piensa*; 4. *Hable*; 5. *Sean*; 6. *Vended*; 7. *Abróchense*; 8. *Desconecten*; 9. *Abrid*; 10. *Preguntad*; 11. *Terminen*; 12. *Esperen*; 13. *Rellenen*; 14. *Firmen*; 15. *Acuéstate*; 16. *Pedid*; 17. *Olvidad*; 18. *Quéjate*; 19. *Vete*; 20. *Pon*; 21. *Lávate*; 22. *Cállate*; 23. *Date*; 24. *Siéntate*; 25. *Cuenta*; 26. *Ven*; 27. *Manda*; 28. *Doblen*; 29. *Miren*; 30. *Recuerda*; 31. *Traed*; 32. *Sal*; 33. *Inscríbete*; 34. *Presten*; 35. *Entreguen*.

C. QUÉ ME CUENTAS

ordena; Haz; limpia; quita; Barre; friega; Lava; recoge; Plancha; friega; prepara.

UNIDAD 5

B. EJERCICIOS

a) 1. *vas a hacer*; 2. *voy a salir - Me voy a quedar*; 3. *Vamos a hablar*; 4. *voy a faltar*; 5. *Vais a ver*; 6. *Vas a quedar*; 7. *va a llevar*; 8. *Vais a esquiar*; 9. *va a durar*; 10. *voy a meditar*; 11. *van a salir*; 12. *vamos a tomar*; 13. *voy a vivir*; 14. *va a ganar*; 15. *Vas a estar*; 16. *Voy a leer*; 17. *Vas a venir*; 18. *va a llamar*; 19. *vamos a montar*; 20. *voy a mandar*; 21. *vamos a conocer*; 22. *vas a conseguir*; 23. *vais a reservar*; 24. *vamos a saber*; 25. *va a comprar*; 26. *vas a tener*; 27. *van a pasar*; 28. *Vas a corregir*; 29. *va a perder*; 30. *voy a dar*.

b) 1. *viajaré*; 2. *Iremos*; 3. *empezará*; 4. *habrá*; 5. *cumpliré*; 6. *alquilaremos*; 7. *cambiará*; 8. *olvidaré*; 9. *Podrás*; 10. *será*; 11. *Jugaréis*; 12. *tendrá*; 13. *descubrirá*; 14. *aprenderé*; 15. *escogeré*; 16. *visitaré*; 17. *decidiréis*; 18. *regresaremos*; 19. *comeré*; 20. *me quejaré*.

c) *haremos; Saldremos; llegaremos; Visitaremos; descansaremos; iremos; Regresaremos; llegaremos; deberán.*

d) *Terminarás; Harás; Encontrarás; te quedarás; Tendrás; solucionarás; Conocerás; entrarás; Podrás; dejarás.*

e) *llevaré; Dejaré; Pasearé; Buscaré; Haré; Pasaré; Daré; Me preocuparé; Utilizaré; Veré.*

f) **1.** *iré;* **2.** *sacaré;* **3.** *hablaré;* **4.** *encontrarás;* **5.** *haré;* **6.** *habrá;* **7.** *volveré;* **8.** *daré;* **9.** *cerrará;* **10.** *terminaré;* **11.** *se pondrá;* **12.** *diré;* **13.** *perderás;* **14.** *vendrá.*

g) **1.** *tendrá - gustará - Será - Estará;* **2.** *Estará - Habrá;* **3.** *tendrá – Habrá - Tendrá;* **4.** *Estará - Estará-oirá;* **5.** *Creerá - Será;* **6.** *podrá - Habrá.*

h) **1.** *iremos o vamos a ir;* **2.** *visitaré;* **3.** *estará;* **4.** *vamos a ir o iremos;* **5.** *sabrá;* **6.** *tendrá;* **7.** *Me voy a cortar o Me cortaré;* **8.** *se jubilará o se va a jubilar;* **9.** *voy a hacer o haré;* **10.** *va a ser o será;* **11.** *voy a dormir o dormiré;* **12.** *se casará o va a casarse;* **13.** *mandaré;* **14.** *va a estar o estará;* **15.** *compraré;* **16.** *vamos a hacer o haremos;* **17.** *vivirá o va a vivir;* **18.** *elegiré o voy a elegir;* **19.** *será o va a ser;* **20.** *Habrá o Va a haber.*

C. QUÉ ME CUENTAS

hará; estará; estará; lloverá; habrá; habrá; Soplará; bajarán; se mantendrán; habrá; lucirá; hará.

UNIDAD 6

B. EJERCICIOS

a) **1.** *La;* **2.** *La;* **3.** *Lo;* **4.** *La;* **5.** *La;* **6.** *las;* **7.** *la;* **8.** *Las;* **9.** *las;* **10.** *lo;* **11.** *la;* **12.** *Lo;* **13.** *los;* **14.** *Lo;* **15.** *La;* **16.** *La;* **17.** *lo;* **18.** *Lo;* **19.** *lo;* **20.** *Lo;* **21.** *La;* **22.** *La;* **23.** *lo;* **24.** *la;* **25.** *Los;* **26.** *Los;* **27.** *Lo;* **28.** *la;* **29.** *Las;* **30.** *Los.*

b) **1.** *le;* **2.** *se lo;* **3.** *se lo;* **4.** *le(s);* **5.** *se la;* **6.** *se las;* **7.** *se lo;* **8.** *Le;* **9.** *Se la;* **10.** *se los;* **11.** *Se lo;* **12.** *Se las;* **13.** *Le;* **14.** *te los;* **15.** *Les;* **16.** *Os lo;* **17.** *Nos los;* **18.** *te lo;* **19.** *nos las;* **20.** *te lo;* **21.** *nos lo;* **22.** *te lo;* **23.** *nos los;* **24.** *nos las;* **25.** *me lo;* **26.** *te la;* **27.** *me lo;* **28.** *nos la;* **29.** *me los;* **30.** *nos lo.*

C. QUÉ ME CUENTAS

Las palabras inadecuadas para este contexto son: *telegrama, semana, historia de España, fuerte, vinagre, jarrón, martillo, vinagre, jarrón, factura.*
Las palabras adecuadas son respectivamente: *carta, día, calamares, hecho, vino, jarra, cuchillo, vino, jarra, cuenta.*

UNIDAD 7

B. EJERCICIOS

a) **1.** has desayunado - He desayunado; **2.** te has levantado - Me he levantado; **3.** has llegado - he oído; **4.** habéis hecho - Hemos esquiado; **5.** habéis visto - hemos visto; **6.** Os habéis mudado - nos hemos mudado; **7.** Ha llovido - ha llovido; **8.** ha ganado - He ganado; **9.** has estado - He estado; **10.** ha comprendido - he comprendido; **11.** ha usado - he usado; **12.** Habéis aprendido - hemos aprendido; **13.** Se ha marchado - se ha marchado; **14.** ha llamado - Ha llamado; **15.** Has ido - he ido.

b) **1.** Has tocado - he tocado; **2.** Has jugado - he jugado; **3.** Habéis venido - hemos venido; **4.** Has estudiado - he estudiado; **5.** Habéis bailado - hemos bailado; **6.** ha tenido - ha tenido; **7.** Has pagado - he pagado; **8.** ha visitado - ha visitado; **9.** Has vivido - he vivido; **10.** Os habéis disfrazado - me he disfrazado; **11.** Habéis soñado - he soñado; **12.** Has escrito - he escrito; **13.** han puesto - han puesto; **14.** ha comido - he comido; **15.** Has plantado - he plantado.

c) **1.** habéis cenado - Hemos cenado; **2.** Has leído - he leído; **3.** han dicho - han dicho; **4.** Habéis hablado - hemos hablado; **5.** Has salido - he salido; **6.** Habéis escuchado - he escuchado; **7.** habéis practicado - Hemos practicado; **8.** ha montado - hemos montado; **9.** Ha llegado - ha llegado; **10.** Has hecho - he hecho; **11.** Has pintado - he pintado; **12.** habéis ido - Hemos ido; **13.** he mentido - has mentido; **14.** ha reservado - ha reservado; **15.** has fumado - he fumado; **16.** Han vuelto - han vuelto; **17.** ha comprado - ha comprado; **18.** han escalado - han escalado; **19.** Ha comenzado - ha comenzado; **20.** Ha abierto - ha abierto.

C. QUÉ ME CUENTAS

habéis pasado; he ido; Me he quedado; Has esquiado; he esquiado; he estado; ha gustado; ha encantado; ha fascinado; has hecho; Ha sido; He descansado; he leído; he tenido; He salido; he dormido; he vivido; He montado; he visto; has visto; He ido.

UNIDAD 8

B. EJERCICIOS

a) **1.** te acostaste - Me acosté; **2.** volviste - Volví; **3.** acabó - Acabó; **4.** faltó - faltó; **5.** aprendisteis - Continuamos; **6.** vio - vieron; **7.** se examinó - me examiné; **8.** cocinasteis - Cocinamos; **9.** Entrenaste - entrené; **10.** Encontraste - encontré; **11.** pasasteis - pasamos; **12.** costó - compraste - costó; **13.** pagó - pagó; **14.** Cambiaste; **15.** Os mudasteis - nos mudamos; **16.** robaron - robaron; **17.** contó - contó; **18.** almorzaste - almorcé; **19.** regalasteis - regalamos; **20.** cogió - cogí.

b) **1.** *Fuiste - fui;* **2.** *Estuviste - estuve;* **3.** *tuviste - Tuve;* **4.** *Hizo - hizo;* **5.** *Vino - vino;* **6.** *fuiste - pude;* **7.** *te pusiste - Me puse;* **8.** *compuso - compuso;* **9.** *dio - dio;* **10.** *dijeron - dijeron;* **11.** *Hubo - hubo;* **12.** *trajo - trajo.*

c) *estuve; fui; vi; gustó; Me encontré; Tomamos; Se disculpó; pudo; tuvo; dijo; se mudó; llevé; enseñó; dio.*

d) *hice; salió; Preguntó; supe; escribí; dije; pude; tuve; fui; pasé; gustó.*

e) *nació; aprendió; superó; pintó; maravilló; provocó; dejó; se trasladó; partió; volvió; fueron; viajó; vivió; obtuvo; enfermó; falleció.*

f) **1.** *Vendimos;* **2.** *he pescado;* **3.** *dormí;* **4.** *hemos tenido;* **5.** *Estuvimos;* **6.** *Has ido;* **7.** *gustó;* **8.** *he comido;* **9.** *he escrito - ha contestado;* **10.** *hubo;* **11.** *Hemos alquilado;* **12.** *hicísteis;* **13.** *esperé;* **14.** *ha llegado;* **15.** *Resolvimos;* **16.** *Habéis confirmado;* **17.** *subió;* **18.** *Hemos preguntado;* **19.** *quedamos;* **20.** *regresaron.*

C. QUÉ ME CUENTAS

empezaron; Tuve; comimos; invitó; dediqué; Recogí; Hablé; Me despedí; hice; fue; oí; se retrasó; cortaron; perdí; Fui; encontraron; llegué.

UNIDAD 9

B. EJERCICIOS

a) **1.** *vivías - Vivía;* **2.** *Tenías - tenía;* **3.** *jugabas - Jugaba;* **4.** *dibujabas - Dibujaba;* **5.** *Leías - leía;* **6.** *Tenías - tenía - se llamaba - Se llamaba;* **7.** *ibas - Iba;* **8.** *gustaba - gustaba - eran - aburrían - pasaba - hacías - Practicaba;* **9.** *Te peleabas - me peleaba;* **10.** *hacías - Iba.*

b) **1.** *era;* **2.** *estaba;* **3.** *estaba;* **4.** *eran;* **5.** *había;* **6.** *Estaba;* **7.** *quería;* **8.** *estaba;* **9.** *había;* **10.** *era.*

c) *fui; viajé; querían; eran; era; necesitaba; Llegué; Hacía; Me quedé; eran; era; Tenía; había; era; conocí; Eran; Quedamos; Estuvimos; se llamaba; Me reí; leí; intentaba; era; tenían; pedí; Estaba; probé; estaba; Terminé; hice; tenía; visité; vi; Cenamos; Seguí; encantó; Regresé.*

d) **1.** *Falté - tenía;* **2.** *bebía;* **3.** *He visitado - Había;* **4.** *Visité - Había;* **5.** *era - quería;* **6.** *Me fui - tenía;* **7.** *hemos solucionado;* **8.** *Has hecho;* **9.** *Me quejé - había;* **10.** *He cambiado - era;* **11.** *Cambié - era;* **12.** *ha mentido;* **13.** *entendía;* **14.** *llamé - tenía;* **15.** *estaba - era;* **16.** *Sabías - venía;* **17.** *era - daban;* **18.** *Hice - Estaba;* **19.** *He descambiado - Tenían;* **20.** *estaba.*

C. QUÉ ME CUENTAS

Antes iba poco al cine. Ahora va mucho.
Antes viajaba poquísimo. Ahora viaja mucho.
Antes no le gustaban nada los lunes. Ahora le dan igual.
Antes llegaba a fin de mes con muchos problemas. Ahora no.
Antes tenía poco tiempo para sus aficiones. Ahora pinta , lee , hace deporte…

UNIDAD 10

B. EJERCICIOS

a) **1.** *compraría*; **2.** *Llamaría*; **3.** *aceptaría*; **4.** *compraría*; **5.** *Hablaría*; **6.** *Me emocionaría*; **7.** *contestaría*; **8.** *contaría*; **9.** *molestaría*; **10.** *sería*; **11.** *pediría*; **12.** *vendería*; **13.** *elegiría*; **14.** *pintaría*; **15.** *devolvería*; **16.** *Me enfadaría*; **17.** *se haría*; **18.** *contaría*; **19.** *se clasificaría*; **20.** *Pagaría*.

b) Respuestas modelo:

1. *Me gustaría trabajar en Barcelona*; **2.** *Me gustaría conocer profundamente Australia*; **3.** *Me gustaría estar en Florencia*; **4.** *Me gustaría tener una casa en el Sacromonte*; **5.** *Me gustaría poder ser invisible*; **6.** *Me gustaría tocar muy bien el piano*; **7.** *Cambiaría la política cultural*; **8.** *Le pediría la solución definitiva del problema del hambre, el fin de todas las guerras y otros tres deseos*; **9.** *Eliminaría todos los programas basura*; **10.** *Prohibiría las armas*; **11.** *Aboliría todas las leyes que producen diferentes tipos de discriminación*; **12.** *En primer lugar solucionaría el problema del hambre.*

c) **1.** *No se acordaría*; **2.** *Estaría fría*; **3.** *Iría a alguna fiesta*; **4.** *Sería un anuncio*; **5.** *Estarían persiguiendo a alguien*; **6.** *Se enfadaría por algo*; **7.** *Estaría pensando en algo muy divertido*; **8.** *No lo harías bien.*

d) **1.** *reservaría*; **2.** *volvería*; **3.** *traería*; **4.** *quejaría*; **5.** *sacaría*; **6.** *recogería*; **7.** *prepararía*; **8.** *cocinaría*; **9.** *pagaría*; **10.** *retrasaría*; **11.** *daría*; **12.** *haría*.

C. QUÉ ME CUENTAS

Las palabras inadecuadas para este contexto son: *he conseguido, símbolos, temperatura, regalar, especiales, con gas, tráigame la cuenta.*
Las palabras adecuadas son respectivamente: *he pillado, síntomas, fiebre, dar, secundarios, oxigenada, dígame qué le debo.*

UNIDAD 11

B. EJERCICIOS

a) **1.** *Es*; **2.** *es*; **3.** *es*; **4.** *son*; **5.** *estará*; **6.** *Está*; **7.** *Es*; **8.** *es*; **9.** *está(s)*; **10.** *está*; **11.** *es*; **12.** *está*; **13.** *son*; **14.** *son*; **15.** *está - es*; **16.** *es*; **17.** *están - están*; **18.** *está*; **19.** *está*; **20.** *es*; **21.** *son*; **22.** *es*; **23.** *estará*; **24.** *está*; **25.** *es*; **26.** *son*; **27.** *es*; **28.** *está*; **29.** *está*; **30.** *es*; **31.** *estará - es*; **32.** *es*; **33.** *está*; **34.** *es*; **35.** *es*; **36.** *es - son*; **37.** *son*; **38.** *son/están*; **39.** *está*; **40.** *es*; **41.** *son*; **42.** *está*; **43.** *es*; **44.** *Es - está*; **45.** *está*; **46.** *está*; **47.** *está*; **48.** *son*; **49.** *es*; **50.** *está*.

b) **1.** *está*; **2.** *Es*; **3.** *Estoy*; **4.** *estoy*; **5.** *está*; **6.** *es*; **7.** *Es*; **8.** *Es*; **9.** *Es*; **10.** *está*; **11.** *Estoy*; **12.** *está*; **13.** *estará*; **14.** *es*; **15.** *estoy*; **16.** *estoy*; **17.** *es*; **18.** *es/está*; **19.** *es*; **20.** *es*.

C. QUÉ ME CUENTAS

Diálogo uno: *fue - fue - fue - Estuvo - Estuvo*.
Diálogo dos: *será - es - es - será - Será*.
Diálogo tres: *fue - es - es - está - Está - Está - Es - están*.

UNIDAD 12

B. EJERCICIOS

a) **1.** *por*; **2.** *por*; **3.** *por*; **4.** *para*; **5.** *para*; **6.** *por*; **7.** *para*; **8.** *por*; **9.** *por*; **10.** *para*; **11.** *por*; **12.** *para*; **13.** *por*; **14.** *por*; **15.** *por*; **16.** *para*; **17.** *para*; **18.** *por*; **19.** *para*; **20.** *para*; **21.** *por*; **22.** *por*; **23.** *para*; **24.** *Para*; **25.** *Para*; **26.** *por*; **27.** *por*; **28.** *para*; **29.** *para*; **30.** *por*; **31.** *para*; **32.** *para*; **33.** *por*; **34.** *para*; **35.** *por*; **36.** *para - para*; **37.** *para*; **38.** *para*; **39.** *Por*; **40.** *Para*; **41.** *Para*; **42.** *por*; **43.** *por*; **44.** *para*; **45.** *para*; **46.** *para*; **47.** *por*; **48.** *por*; **49.** *para*; **50.** *para*; **51.** *para*; **52.** *por*; **53.** *para*; **54.** *por*; **55.** *para*; **56.** *por*; **57.** *por*; **58.** *para*; **59.** *para*; **60.** *para*.

b) **1.** *correcto*; **2.** *correcto*; **3.** *correcto*; **4.** *correcto*; **5.** *correcto*; **6.** *correcto*; **7.** *correcto*; **8.** *incorrecto (debe ser* para*)*; **9.** *incorrecto (debe ser* para*)*; **10.** *correcto*; **11.** *incorrecto (debe ser* para*)*; **12.** *correcto*; **13.** *correcto*; **14.** *correcto*; **15.** *incorrecto (debe ser* por*)*; **16.** *correcto*; **17.** *correcto*; **18.** *correcto*; **19.** *correcto*; **20.** *correcto*.

C. QUÉ ME CUENTAS

por cualquier cosa; **por** la pelota; **por** las canicas; **por** la bicicleta; **por** las escaleras; **por** el golpe; corriendo **para** interesarse **por** su hermano; **por** reírse; **para** evitar; **por** la historia; **Para** ellos; **Por** la tarde; **por** el parque.

UNIDAD 13

B. EJERCICIOS

a) Modelo de respuestas:

1. *Debes tener;* **2.** *Empezó a gritar;* **3.** *ha dejado de fumar;* **4.** *ha vuelto a averiarse;* **5.** *Empieza a hacer;* **6.** *Deja de tocar;* **7.** *ha vuelto a mentir;* **8.** *empecé a leer;* **9.** *deja de llover;* **10.** *tengo que tomar/debo tomar;* **11.** *tengo que trabajar;* **12.** *han dejado de salir;* **13.** *empiezan a subir/vuelven a subir;* **14.** *Tengo que estudiar;* **15.** *volver a explicar;* **16.** *tenéis que escuchar;* **17.** *empieza a ir;* **18.** *Tiene que ser;* **19.** *tengo que demandar;* **20.** *volverá a suceder;* **21.** *Tiene que estar;* **22.** *debes practicar/tienes que practicar;* **23.** *volverá a subir;* **24.** *Deja de ver;* **25.** *empezará a mejorar;* **26.** *deberías pedir/tendrías que pedir;* **27.** *deja de tener;* **28.** *tiene que pasar;* **29.** *deberías contar/tendrías que contar;* **30.** *tiene que estar;* **31.** *empieza a llegar;* **32.** *volver a ver;* **33.** *dejas de beber;* **34.** *ha empezado a investigar/volverá a investigar/ha dejado de investigar/tiene que investigar;* **35.** *Tienes que probar;* **36.** *volverá a grabar;* **37.** *ha dejado de venir;* **38.** *ha empezado a rodar;* **39.** *ha empezado a cerrar/debería cerrar;* **40.** *vuelve a molestar;* **41.** *Deja de saltar;* **42.** *volveré a entrar;* **43.** *tengo que ir;* **44.** *empieza a solucionarse;* **45.** *deberías hablar/tendrías que hablar;* **46.** *volveré a solicitar;* **47.** *ha dejado de comer;* **48.** *tiene que ser;* **49.** *tengo que meditar;* **50.** *Empiezo a comprender.*

b) Modelo de respuestas:

1. *Deberías dejar Derecho y empezar otra carrera;* **2.** *Deberías devolverla;* **3.** *Tendrías que hablar con ellos;* **4.** *Deberías dejarla;* **5.** *Tendrías que comprarte otro;* **6.** *Deberías ir al médico;* **7.** *Deberías averiguar primero si tiene novio;* **8.** *Tienes que sopesar los pros y los contras.*

C. QUÉ ME CUENTAS

1. *Buena suerte;* **2.** *Buena suerte;* **3.** *Enhorabuena;* **4.** *Buen viaje;* **5.** *Lo siento;* **6.** *Felicidades;* **7.** *Igualmente;* **8.** *No hay de qué;* **9.** *No pasa nada;* **10.** *Enhorabuena/Felicidades.*

UNIDAD 14

B. EJERCICIOS

a) Modelo de respuestas:

1. *viene a costar;* **2.** *está provocando;* **3.** *llevan saliendo;* **4.** *me he hartado de dormir;* **5.** *está aprendiendo;* **6.** *debe de tener;* **7.** *está haciendo;* **8.** *me harté de nadar;* **9.** *lleva viendo;* **10.** *vengo a tardar;* **11.** *deben de ser;* **12.** *lleva hablando;* **13.** *Debe de sentirse;* **14.** *se hartó de llorar;* **15.** *está pasando;* **16.** *llevas tocando;* **17.** *Me harto de reír;* **18.** *Se* está confundiendo; **19.** vienen a ser; **20.** están probando; **21.** me harté de buscar; **22.** está creciendo; **23.** viene a ser; **24.** debe de estudiar; **25.** lleva siendo; **26.** estoy pasando; **27.** Llevo visitando; **28.** Debe de haber; **29.** Está lloviendo; **30.** Llevo pensando; **31.** debe de estar; **32.** viene a ser; **33.** me harté de correr; **34.** llevas enseñando; **35.** viene a durar; **36.** se está quedando; **37.** se harta de comer; **38.** Deben de ser; **39.** Lleva nevando; **40.** se ha hartado de ganar; **41.** debe de saber; **42.** estuve esquiando; **43.** Vengo a ahorrar; **44.** Llevo conduciendo; **45.** Debe de haber; **46.** Estás leyendo; **47.** me harté de beber; **48.** está pasando; **49.** viene a tener; **50.** lleva faltando.

b) Modelo de respuestas:

1. *Debe de haberle robado*; **2.** *Debe de haber mucho tráfico*; **3.** *Debe de haber huelga en la banca*; **4.** *Debe de haber alguna manifestación*; **5.** *Debe de ser el cumpleaños de alguien*; **6.** *Debe de ser un error*; **7.** *Debe de estar borracho*; **8.** *Deben de protestar por la subida de las tasas académicas.*

C. QUÉ ME CUENTAS

▶ ¡Hola, tío! ¿Qué tal?
▷ Muy bien. ¿Y tú?
▶ No estamos mal. ¿Cómo te va el curro?
▷ Ya sabes que me largué del anterior, ¿no?
▶ No, ni idea.
▷ Si. Me abrí el mes pasado.
▶ No tenía ni idea.
▷ Eran muy pocas pelas y mogollón de horas.
▶ Es que hay mucho listo por ahí.
▷ Bueno. ¿Tú sigues en la Facu?
▶ Termino este año. Por eso, ahora mismo estoy empollando mogollón. Llevo sin salir de marcha dos meses.
▷ Pues yo anoche regresé a mi casa a las seis. Estuve en la despedida de soltero de un colega.
▶ ¿Te colocaste?
▷ No me coloqué, pero privé bastante. Me acabo de levantar. He estado toda la mañana planchando.
▶ Un día podríamos papear o tomar algo juntos.
▷ Vale. ¿Nos echamos el teléfono para quedar?
▶ Vale. Hasta luego. Un saludo para tus padres.
▷ Igualmente.

CARLOS G. MEDINA MONTERO

OBRAS DEL AUTOR:

DESDE EL PRINCIPIO
Usos del español: teoría y práctica comunicativa.

Nivel inicial.

SIN DUDA
Usos del español: teoría y práctica comunicativa.

Nivel intermedio.

COMO LO OYES
Usos del español: teoría y práctica comunicativa.

Nivel superior.